소아 알레르기 자녀를 둔 가족의 좌충우돌 육아 일기

우리 아이
알레르기
해방일지

김주엽 지음

대경북스

우리 아이 알레르기 해방일지

1판 1쇄 인쇄 2025년 4월 2일
1판 1쇄 발행 2025년 4월 8일

발행인 김영대
펴낸 곳 대경북스
등록번호 제 1-1003호
주소 서울시 강동구 천중로42길 45(길동 379-15) 2F
전화 (02)485-1988, 485-2586~87
팩스 (02)485-1488
홈페이지 http://www.dkbooks.co.kr
e-mail dkbooks@chol.com

ISBN 979-11-7168-089-4 03590

※ 이 책은 저작권법에 따라 보호받는 저작물이므로 무단전재와 무단복제를 금지하며,
   이 책 내용의 전부 또는 일부를 이용하려면 반드시 저작권자와 대경북스의 서면 동의를 받아야 합니다.
※ 잘못된 책은 구입하신 서점에서 바꾸어 드립니다.
※ 책값은 뒤표지에 있습니다.

들어가는 말

알레르기와 한바탕 전쟁을 치르며

알레르기와의 아주 특별한 만남

육아를 처음 경험한 사람들은 흔히들 육아보다 일하는 게 훨씬 편하다고 이야기한다. 그만큼 육아가 힘들다는 뜻이다. 게다가 우리 가족에게는 아이의 식품 알레르기라는 특별한 상황이 겹치면서 나와 아내의 고통은 배가되었다. 출산의 고통 뒤엔 상상조차 못했던 알레르기와의 전쟁이 기다리고 있었던 것이다.

우리에게는 남들 다 하는 육아의 과정에 특별한 한 가지가 덧붙여졌다. 모유를 떼고 이유식을 시작할 무렵부터 점점 거칠고 붉어지면서 진물까지 나는 아이의 얼굴을 보고 처음에는 식품 알레르기라는 사실을 믿고 싶지 않았다. 동네병원에서부터 시작해서 종합 병원을 돌고 돌아 마지막으로 상급병원에서 최종 병명을 듣고 나서야 비로소 현실로 받아들일 수 있었다. 보통 산모들은 출산 후, 심한 육체적·정신적 변화와 함께 호르몬 변화를 겪게 되어 적응 기간이 필요하다고 한다. 더군다나 평소에도 잠이 많았던 아내는 매일 밤 엄마의 머리맡에서 엄마의 머리카락에 집착하며 가려움에 잠 못 드는 아이 때문에 심각한 수면 부족에 시달려야 했다. 그때는 몰랐다. 아이에게 왜 하필 엄마의 머리카락에 애착이 형성되었는지.

가장 최근인 2022년도 질병관리청의 알레르기 유병 조사 역학 연구 결과에 따르면 전국 초·중생을 상대로 조사한 결과에서 평생 알레르기 비염 증상 유병률은 평균 50%가 넘었고, 식품 알레르기의 증상 유병률은 평균 17%가 넘게 나타났다. 그중에서 가장 위험한 아나필락시스 증상 유병률도 평균 9%가 넘었다. 그리고 조사의 결과를 2010년에 동일한 설문지를 통해 조사된 결과와 비교해 보면 계속 증가하는 추세를 보였다.

위 기사에서 알 수 있듯이 알레르기라는 말은 이제 우리에겐 너무 흔한 용어다. 인터넷을 통해 수많은 정보가 범람하는 정보의 홍수 시대를 살고 있지만, 넘치는 정보 속에서도 정말로 유익하고 도움이 되는 정보는 극히 제한적이고, 오히려 과학적 근거가 없는 민간요법이나 건강식품 광고만 난무하고 있다. 최근 들어서야 과학적인 연구보고서나 전문가의 의견을 담은 서적들이 등장하고 있지만, 식품 알레르기라는 질환은 그 발생 원인만큼이나 반응도 다양하고, 사람마다 편차와 정도의 차이가 있어 일반화하기 어려운 점이 있다.

우리 가는 길이 멀고 또 험할지라도 누군가의 위로와 공감이 있다면…

　실제로 겪었던 식품 알레르기로 인한 고통은 얼핏 사람들이 생각하는 것보다 훨씬 더 심각했다. 먹을 수 있는 음식과 없는 음식을 어떻게 구분해야 하고, 치료는 언제 시작하고 또 어떻게 해야 하는지, 집밖으로 나와 외출했을 때는 어떻게 대처해야 하는지 매 순간 고민해야 했다. 게다가 아이의 첫 번째 사회생활인 어린이집 선택부터 학교 급식에 이르기까지 보통 아이들보다 훨씬 더 많은 선택의 갈림길에 서게 된다. 하지만 알레르기보다 우리 가족을 더 고통스럽게 만들었던 것은 신뢰할 수 없는 정보와 사회적 관심 부족이었다. 어쩌면 우리에게 필요했던 건 치료보다도 끝을 알 수 없는 알레르기와의 전쟁에서 지치고 힘든 마음을 나누며 위로와 공감을 주는 누군가였을지도 모르겠다.

　시대가 변하고 환경이 달라지면서 원인 모를 식품 알레르기들이 계속 늘어나고 있다. 이러한 반응은 원인이 되는 식품을 철저히 차단하면 시간이 지나면서 점차 사라진다고 하지만 그 시기는 점점 늦어지고 있다. 아이에게 먹일 수 있는 음식들을 찾아서 하나라도 더 먹이고 싶은 게 부모 마음이라, 언제 개선될지 모르는 알레르기 반응을 막연하게 기다릴 수만은 없는 노릇이었다.

그렇게 우리는 지긋지긋한 알레르기에서 벗어나기 위해 한바탕 전쟁을 치러야 했다. 지푸라기라도 잡고 싶은 심정으로 손에 잡히는 대로 끌어당겼다. 그런 노력이 모이고 시간이 더해져 기적이 만들어지는 과정을 고스란히 책에 담았다. 걷다 보면 언젠가 끝에 다다르겠지만 혼자 걷기에는 너무나도 외로운 길이었다. 우리 가족의 이야기가 외로운 길을 걸어갈 누군가에게 길동무가 되어주기를 바란다.

차 례

들어가는 글_알레르기와 한바탕 전쟁을 치르며 _3

Part 1. 우리 가족의 알레르기 잔혹사

1. 피부만큼이나 커진 상처 _12
2. 모든 식품에 알레르기가 있다면 _16
3. 먹일 수 있는 음식을 찾아서 _20
4. 알레르기는 먹는 것만 문제가 아니다 _24
5. 도대체 식품 알레르기는 왜 생기는 걸까? _28
6. 우리 가족의 알레르기 처치 3단계 _36
7. 들어는 봤나? 아나필락시스 _42
8. 새로운 가능성, 경구면역 치료법 _46
9. 첫 번째 도전, 달걀 _50
10. 잘해 왔고, 잘하고 있어 _57

11. 좌충우돌 어린이집 적응기 _62
12. 1년 동안 17번의 생일파티 _67
13. 아이의 첫 번째 거짓말 _75
14. 던져 버리고 싶은 도시락 가방 _79

Part 2. 알레르기가 있는 일상

1. 학교 갈 때 챙겨야 할 목록들 _84
2. 알레르기 교육? 현장에선 달나라 이야기 _90
3. 학교 운영위원이 될 결심 _96
4. 첫 번째 급식은 순조로웠을까? _100
5. 이게 진짜 도시락이야 _105
6. 급식 모니터링 참관 _108
7. 알레르기 필수 아이템, 핸드폰 _113
8. 매일 아침, 알레르기 가족의 일상 _118
9. 학습으로 '핸디캡'을 극복할 수 있을까? _122
10. 흔들리는 아내의 엄마표 학습 _128
11. 넌 어떤 친구야? _133
12. 밀가루를 정복하니 세상이 달라보인다 _137
13. 새로운 세상을 맛보다 _141
14. 우유 거부반응을 줄이는 방법 _145
15. 조금 느리더라도 건강을 챙기면서 간다 _149

Part 3. 땡돌이 아빠의 육아 비법

1. 나를 아빠라고 불러 준 존재 _154
2. 세상에서 제일 좋은 아빠가 꿈 _163
3. 아빠, 나 왜 낳았어? _169
4. 알레르기 때문에 제대로 즐기지 못했다 _172
5. 육아휴직을 사용하겠습니다 _176
6. 어떤 상황이라도 아빠라면 _181
7. 요리학원에 등록했다 _186
8. 공부 자립을 위한 아빠의 역할 _190
9. 아이의 재능을 찾아서 _194
10. 공짜로 아이를 똑똑하게 만드는 법 _198
11. 사교육보다 더 훌륭한 자녀 교육법 _202
12. 독서 습관을 물려준 네 가지 방법 _207
13. 한 가지 정도는 직접 가르친다 _213
14. 출장길에 얻은 깨달음 _217
15. 좋은 아빠는 있어도 완벽한 아빠는 없다 _221

Part 4. 알레르기 아이의 부모로 사는 법

1. 알레르기지만 훈육은 필요해! _226
2. 하늘은 감당할 만큼의 씨를 세상에 뿌린다 _230

3. 아빠의 경험만큼 좋은 스승은 없다 _233
4. 시간과 노력이 모여 기적을 이루다 _238
5. '요리사'는 절대 안 돼 _242
6. 감정을 다스려야 하는 이유 _248
7. 여행하듯 살고 싶다 _252
8. 사진첩을 정리하는 세 가지 이유 _256
9. 말레이시아 한 달 살기 _259
10. 알레르기가 있는 손님을 위한 배려 _263
11. 드디어, 끝이 보이기 시작했다. _269
13. 비교보다는 위로와 공감 _273
13. 같이 먹으니까 더 맛있다, 그렇지? _277
14. 알레르기 환자가 감내해야 하는 것들 _282

나가는 글_길고 길었던 터널의 끝에서 _286

Part 1

우리 가족의 알레르기 잔혹사

1.
피부만큼이나 커진 상처

그때는 몰랐다. 왜 엄마 머리카락에 집착하는지

아이들이 태어나면 애착을 갖는 물건들이 하나쯤 있다고 한다. 애착은 아이에게 불안함이 생기면 정서적 안정을 찾을 수 있게 도와주는 것으로 보통 인형이나 물건에 집착하게 되는데 우리 아이는 특이하게도 엄마의 머리카락에 애착이 형성되어 있었다. 특히 졸리거나 잠을 자다가 중간에 깰 때는 어김없이 엄마의 머리카락을 찾아 본능적으로 움직였다.

엄마의 머리카락을 손으로 만지고, 코로 냄새를 맡아야 안정을 얻고 다시 잠이 들곤 했다.

한번은 이런 일도 있었다. 추석 때 처가에서 모처럼 온 가족이 모였는데 갑자기 장모님이 어지럼증을 호소하며 자리에 누우셨다. 병원 치료 후에도 좀처럼 나아질 기색이 보이지 않자 아내가 며칠 더 장모님을 돌보기로 하고 아이와 나만 명절 차례를 지내기 위해 먼저 본가로 돌아왔다. 밤이 되고, 잠자리에 누웠는데 아이가 계속 뒤척이며 쉽게 잠을 이루지 못했다. 아마도 엄마의 머리카락을 만지지 못해서 그런 것 같았다. 엄마 없이 잠들어 본 적이 없던 아이는 눈을 감았다 떴다를 수없이 반복하다가 새벽 1시가 다 되어서야 아빠에게 어렵게 한마디를 건넸다.

"아빠! 좋은 방법이 생각났어."

아이는 낮에 어머니가 취미로 그림을 그릴 때 사용하는 화필을 본 모양이다. 아마도 엄마의 머리카락을 대신할 수 있는 부드럽고 느낌 좋은 붓이 생각났던 것 같았다. 그리고는 어둠 속에서도 귀신같이 화필을 찾아오더니 붓의 털 쪽을 만지작거리다가 얼마 지나지 않아 잠이 들었다.

그때는 몰랐다. 왜 하필 엄마의 머리카락에 애착이 형성되었는지? 아빠가 대신해 줄 수 없다는 사실이 안타깝기만 했다. 생후 6개월쯤 모유를 끊고 난 뒤 이유식을 먹으면서 갑자기 찾아온 증상, 식품 알레르기라는 진단을 받고 나서야 '그동안 말 못 하는 아이가 가려워서 밤마다 잠을 설쳤구나. 그래서 엄마에게, 특히 엄마의 머리카락에 집착하면서 정서적으로 안정을 찾으려고 애를 썼구나!'라고 생각하게 되었다. 아이의 가려움을 해결해 줄 수 없어 안쓰러워하는 아내 역시 아이와 함께 잠을 이루지 못했고, 그런 모습을 옆에서 지켜보면서 나도 같이 잠을 설쳤다. 그렇게 가족 모두가 한바탕 알레르기와의 전쟁을 치러야 했다.

안 된다, 큰일난다, 피해라

식품 알레르기에 대한 정보는 손쉽게 찾아볼 수 있지만, 그만큼 정확하지 못한 정보가 판을 치고 있다. 일반 소아청소년과가 아니라 좀 더 전문적인 알레르기 치료가 필요했다. 그래서 지역에서 유일하게 알레르기 전문의가 있는 상급병원에 예약하고 진료일만을 손꼽아 기다리고 있었다. 아내는 담당 의사를 만나자마자 그동안 참아왔던 알레르기에 대한 불안과 궁금증으로 질문 세례를 퍼부었고, 그런 아내에게 병원 의사가 해준 말은 세 마디가 전부였다.

"안 된다. 큰일난다. 피해라."

같은 질문을 반복하니 면박을 주기도 했다. 아내에게는 마지막 보루였던 상급병원 전문의와의 상담에서도 원하는 답을 얻지 못했고, 딱히 새로운 정보도 얻을 수 없었다. 답답한 마음은 더욱 커져만 갔고, 아내는 결국 심각한 스트레스와 우울증까지 겪어야 했다. 정확한 원인이나 치료 방법도 찾을 수 없어 밤마다 잠 못 드는 아내는 눈물을 달고 살았다. 나 역시 함께 잠 못 이루는 날이 늘어가면서 주변 사람들에게 욕먹을 각오를 하고 아이와 아내를 위해서만 시간을 쓰기로 결정했다. 그렇게 아이의 피부에 난 상처만큼이나 우리 가족 마음의 상처는 커져만 갔다.

2.
모든 식품에 알레르기가 있다면

식품을 제한하는 것이 유일한 방법일까?

음식 알레르기를 진단할 수 있는 가장 정확한 검사방법은 식품 '유발검사'라고 한다. 말 그대로 음식을 먹고 증상이 생기는지 전문가가 확인하는 검사다. 일반 가정에서는 위험할 수 있으니 전문 의료인이 상주하고 응급 의료시설이 갖추어진 병원에서 음식을 먹고 반응을 관찰해야 한다. 가장 확실한 방법이지만 시간이 많이 들고, 여러 음식을 한 번에 검사하기도 어려워 보통 병원에선 '피부단자시험'이라는 걸 한다.

'유발검사'보다 간편하고, 결과도 빨리 알 수 있는 장점이 있지만,

이마저도 여러 가지 물질에 대한 반응을 확인하는 것으로 대상자가 나이가 어리면 협조가 잘 안 되어서 검사가 어렵다. 그래서 대부분 병원에서는 혈액검사로 알레르기 유무를 확인한다. 하지만 손가락 만한 아이 팔뚝에서 여러 개의 유리병에 피를 뽑아대는 걸 지켜보는 건 부모로서 무척 힘든 일이었다.

이렇게 정기적인 혈액검사를 통해 알레르기 반응을 확인해서 단계가 높은 음식은 피하고, 낮은 음식을 하나씩 시도하면서 음식 제한을 풀어가는 것이 식품 알레르기에 대처하는 유일한 방법이었다. 의사의 말대로 음식을 제한하는 것 이외에 다른 방법이 없다면 굳이 어렵게 진료일을 잡아서 예약하고 병원을 찾을 이유가 없었다. 가까운 동네 병원에서도 혈액검사는 가능했기 때문이다.

첫 번째 피검사 결과를 받아 들고 우리 부부는 절망했다. 달걀이나 우유, 밀가루 한두 가지에 알레르기가 있다는 이야기는 들어 봤지만, 쌀에도 알레르기가 있다는 것을 처음 알게 되었기 때문이다.

도대체 뭘 먹여야 할까?

다음 페이지의 표는 아이가 2살 때 했던 첫 번째 피검사를 시작으로 5살 때까지의 알레르기 반응 검사 결과를 정리한 것으로, 6살 때 아이가 다닐 어린이집에 보내기 위해 아내가 따로 정리한 것이다.

< 식품알러지 정리표 >

검사일 항목	OO병원 2세	OO병원 3세	OO병원 4세	OO병원 5세	실제 반응
우유	Class 2 3.10	Class 3 5.35	Class 2 1.89	Class 3 8.18	＊먹여본 적 없음 ＊극소량의 유단백이 함유된 유산균을 먹고 가려워 잠을 못잤음
계란(흰자)	Class 3 9.04	Class 3 10.6	Class 2 3.36	Class 3 11.5	＊21.2.26부터 계란 면역치료중 (매일 삶은 계란 3g부터 식이하며 처방에 따라 증량중, 반드시 가정에서 정해진 시간에, 정해진 양 만큼만 먹으면서 증량해야 함, 외부에서는 계란 제외)
계란(노른자)	Class 2 1.84	Class 3 4.58	Class 2 1.65	Class 3 7.83	＊날계란 접촉 조심(발진, 가려움)
콩(대두)	Class 1 0.65	Class 2 2.30	Class 1 0.45	Class 2 0.97	＊통곡: 두부, 콩, 콩나물, 간장 ＊주의: 시중 된장 안됨(밀가루가 포함되어 입술 부어오름), 쌀된장 가능
밀가루	Class 0 0.16	Class 3 8.41	Class 3 5.15	Class 4 23.0	＊발진, 전신 두드러기 ＊조심해야 되는 음식: 보리, 귀리
글루텐				Class 4 25.1	＊글루텐 포함된 쌀빵 먹고 전신두드러기로 20년도 응급실 다녀옴
메밀				Class 1 0.45	메밀은 급성반응 심한 식품으로 먹여본적 없음
헤이즐넛	- -	Class 2 1.04	Class 0 0.27		
아몬드	- -	Class 2 0.98	Class 0 0.22	Class 1 0.66	＊잣: 5일 정도 먹어봄, 반응 없음 ＊다른 견과류: 필수 식품 아니라 아직 먹여본적 없음(의사 지침)
땅콩	Class 0 0.01	Class 2 1.04	Class 0 0.21	Class 1 0.62	
잣				Class 0 0.08	
호두				Class 0 0.12	
흰살생선	Class 1 0.65	Class 4 22.2	Class 3 10.9	Class 5 66.6	＊흰살생선: 가려반응 있음 (넘어가면서 기침하고 긁기 시작) (김만 쏘여도 발진 올라옴)
고등어				Class 4 46.2	
멸치				Class 5 80.6	＊멸치: 멸치육수도 먹여본 적 없음
게	- -	Class 2 2.52	Class 2 0.76		갑각류: 먹여본적 없음, 접촉시에도 발진, 가려움
새우	- -	Class 2 2.77	Class 2 0.86		
오징어				Class 3 3.78	연체류: 먹여본 적 없음
대합				Class 3 8.05	조개류: 먹여본적 없음

※ 먹일 수 있는 음식 : 육류(소고기, 돼지고기, 닭고기, 오리고기), 과일(복숭아 제외), 야채, 콩(시중 된장 안됨), 해조류(미역, 파래, 김 등)

※ 차단중인 음식 : 우유, 계란, 밀가루, 견과류(잣 소량 제외), 생선, 갑각류, 연체류, 조개류, 메밀

Part 1
우리 가족의 알레르기 잔혹사

하지만 알레르기 검사 수치는 철저하게 참고 사항일 뿐이었다. 왜냐하면 나이가 어릴수록 검사 수치와 실제 반응 정도가 다르기도 했고, 반응 수치가 0단계로 낮았던 밀가루의 경우 글루텐이 아주 조금 포함된 쌀빵을 먹고도 전신에 두드러기 증상을 보인 적이 있었고, 반응 수치가 1단계인 흰살생선을 밥알만큼 먹고도 아나필락시스라는 가장 심각한 기도 반응을 보였기 때문이다.

쌀에도 알레르기 반응이 있던 아이, 반응 검사 수치도 참고 사항일 뿐 신뢰할 만큼 정확하지도 않다면 도대체 뭘 먹여야 한다는 말인가? 병원에서는 검사 결과 알레르기 수치가 높아도 먹어서 증상이 없으면 마음 편하게 먹어도 된다고 했지만 혹시라도 하는 마음에 불안해서 처음에는 무조건 제한할 수밖에 없었다.

3.
먹일 수 있는 음식을 찾아서

언제까지 집에만 있을 수는 없잖아요?

　원인이 되는 식품을 제한하고 차단하는 방법이 식품 알레르기로부터 아이를 보호하는 가장 확실하면서도 유일한 방법이다. 따라서 아주 적은 양이라도 철저하게 제한해야만 했다. 그렇게 하려면 다른 식품에 아주 소량 들어 있는 경우는 물론 가공 처리된 경우까지도 피해야 했다. 그때부터 아내는 모든 음식의 포장지 뒤에 붙어 있는 성분표를 꼼꼼히 확인하기 시작했고, 아이에게도 성분표 보는 방법을 가르쳤다. 하지만 진짜 문제는 바로 집 밖에 있었다.

　당시 아내는 직장에서 휴직하고 아이를 돌보고 있었지만, 언제까지 집에서 아이만 돌볼 수는 없었다. 때가 되면 복직해서 직장으로 돌아가야 했고, 가끔 외출하거나 집 밖으로 나들이를 갈 일도 생기기 때문이었다.

한 가지 음식에만 알레르기 반응을 보여도 먹을 수 없는 음식은 많았다. 가령 우유의 경우에는 버터, 치즈, 요구르트, 초콜릿, 아이스크림, 빵, 과자는 모두 피해야 하고. 시중에 파는 갈비탕에도 우유를 넣는 경우도 있어 꼼꼼히 확인해야 했다. 달걀의 경우에는 달걀찜이나 스크램블처럼 달걀 자체만 제한해야 할 뿐 아니라 마요네즈, 빵, 과자, 어묵, 튀김 등 다른 음식에 첨가된 달걀 성분까지 같이 제한해야 했다. 또 밀가루에 알레르기가 있다면 만두, 부침가루, 빵가루, 국수 등도 같이 피해야만 했다.

지금까지 식품 알레르기 원인 식품으로 밝혀진 것과 전혀 다른 식품이라도 구조가 비슷하면 알레르기 반응을 일으키는 경우가 있는데 이를 '교차반응'이라고 한다. 예를 들어 땅콩에 알레르기가 있으면, 완두콩이나 대두에, 밀가루의 경우에는 호밀, 보리, 옥수수에 교차반응을 보이기도 했고, 게의 경우에는 가재와 새우에, 굴의 경우에는 대합이나 전복에, 호두의 경우는 히커리넛, 브라질넛, 캐슈넛 등에 교차반응을 보일 수 있어 함께 차단해야 했다.

먹을 수 있는 음식이 늘어나는 건, 인생의 보너스 같았다.

우리 아이처럼 알레르기 반응을 보이는 음식이 한두 가지가 아니라 여러 가지라면 문제는 더 커진다. 신선식품에 비해 가공식품은 알레르기 원인 제공 식품이 들어 있는지 확인하기가 더 어려워진다. 따라서 가공식품을 구매할 때는 반드시 원재료 표시를 확인해야 하지만 일반식당에서 이를 하나하나 꼼꼼히 확인하는 건 거의 불가능했다.

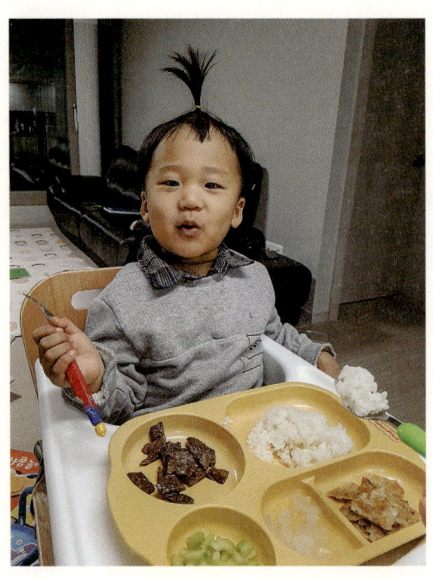

손님이 많아서 주문이 밀려 있다면 더욱 그랬다. 그렇게 따질 거면 먹지 말고 나가라며 대놓고 문전박대를 당하기도 했다. 알레르기 교차반응 예상 식품과 가공식품까지 하나둘 피하다 보니 정말로 집 밖에서 먹을 수 있는 음식은 거의 없었다.

그때부터 아내의 피나는 노력은 시작되었다. 염도 5%의 소금 성분이 전체 바다를 썩지 않게 만들 듯이 진한 모성애가 수많은 알레르기로부터 아이를 지켜내고 있었다. 어떻게든 먹일 수 있는 음식을 찾기 위해 아내가 첫 번째로 한 일은 인터넷과 관련 서적을 이 잡듯이 뒤지는 것이었다. 담당 의사는 쌀에 알레르기 반응을 보일 경우 물에 생쌀을 넣어 끓이다가 물이 끓으면 1시간을 더 저어서 먹이라고 했다. 가려워서 밤새 잠 못 이루는 아이를 아기띠로 안고 끓는 물에 1시간씩 쌀을 저어서 먹였는데도 아이는 알레르기 반응을 보였다. 그러던 중 어느날인가 인터넷을 검색하다가 알게 된 한 알레르기 주제의 카페에서 밥솥에 밥을 두 번 하면 알레르기 성분이 줄어든다는 글을 보고 밥솥에 꼭 두 번씩 밥을 해서 먹였더니 정말로 효과가 나타나기 시작했다. 생후 10개월쯤에는 쌀 알레르기가 완전히 사라졌다.

또 예전부터 전해오는 알레르기가 있는 환자들에게 저항원 음식으로 알려진 감자나 고구마를 시작으로 야채와 과일을 조금씩 먹이며 반응을 관찰하기 시작했고, 단백질 보충을 위해 닭고기나 돼지고기에 비해 알레르기를 덜 일으키는 것으로 알려진 소고기만 끼니마다 먹였다. 쌀과 소고기, 채소만이라도 해결되니 먹고 살 수는 있을 것 같았다. 그 이후에도 하나둘씩 먹을 수 있는 음식이 늘어갈 때마다 마치 인생의 보너스를 얻은 것만 같았다.

4.
알레르기는 먹는 것만 문제가 아니다

알레르기는 아이의 사회성에도 영향을 미쳤다.

아이가 어린이집에 다니기 시작하면서 또 다른 문제가 생겼다. 한 번은 다니던 어린이집에서 분리수거 체험을 하러 갔다가 빈 우유곽에 남아 있던 우유가 얼굴에 튀어 눈과 입이 심하게 부풀어 오른 적이 있었고, 만들기 수업을 하다가 빈 계란판을 손으로 만져 온몸에 심한 발진이 올라온 적도 있었다.

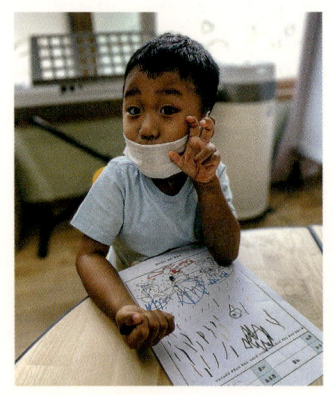

사실 아내는 아이를 어린이집에 보

내면서 내 아이만 생각하는 이기적이고, 예민한 엄마로 비치는 것이 싫어서 웬만하면 따로 부탁을 하지 않으려고 애를 썼지만, 피부에 묻는 것만으로도 알레르기 반응을 보이니 도리가 없었다. 다른 원생들에게 음식을 먹거나 만진 후에는 반드시 손을 꼼꼼하게 씻어 달라고 별도로 부탁을 해야만 했다. 그러나 이마저도 규모가 작거나 협조가 잘 되는 어린이집에서나 가능한 일이었다. 이렇게 음식 알레르기는 아이의 사회성에도 심각하게 영향을 미치고 있었다.

언제까지 집에서 데리고 있을 수는 없었지만, 아이가 다닐 어린이집을 찾는 것도 쉽지 않았다. 우리에게는 아이에게 적합한 어린이집 선택지가 전혀 없었기 때문이다. 알레르기란 말만 해도 고개를 절레절레 흔드는 일부 어린이집이 있는 탓에 아이를 받아주기만 해도 감사해야 할 상황이 되어 버렸다. 엄마들 사이에서 평이 좋기로 소문난 어린이집은 도시락을 싸서 보내겠다고 해도 다른 학부모들에게 민원의 소지가 있다며 입소를 거부하기 일쑤였고, 운 좋게 받아준다는 곳이 있어도 도시락으로 대체할 수 없는 음식이 급식으로 나오는 곳은 피할 수밖에 없었다.

그러다가 고맙게도 아이를 믿고 맡길 만한 어린이집을 찾았다. 퇴직한 교사 부부가 운영하는 사립 어린이집이었는데 아이들에게 안심하고 먹일 수 있는 유기농 재료만 사용해서 식단을 만들 정도로 먹거리에 신경을 많이 쓰는 곳이었다. 일부 대체가 불가능한 음식이 있었지만 미리 식단표를 확인하면 도시락으로 충분히 대체할 수 있었다.

모양과 질감까지 최대한 비슷하게…

처음으로 도시락을 싸서 보냈더니 아침에 싼 도시락이 점심시간이 되면 차갑게 식어 버렸기 때문에 먹을 때 다시 따뜻하게 데워서 줘야 했다. 우리 아이 것만 따로 음식을 데워야 하는 번거로움 때문에 어린이집에 전자레인지를 사서 보냈더니 원에서는 이마저도 극구 사양하며 다시 집으로 돌려보내기까지 했다. 또 담임교사는 얼마나 인상이 푸근한지 한없이 따뜻한 눈빛을 보고 있자면 아이의 알레르기가 모두 치유되는 것만 같았다. 단 한 가지 아쉬웠던 것은 3세 반이던 아이가 4세 반으로 올라가면서 이사를 하는 바람에 눈물을 머금고 아이를 믿고 맡길 만한 곳을 새로 찾아야 했다.

한숨 돌리긴 했지만, 매일 어린이집에 보내는 도시락은 가끔 외출할 때 준비하는 도시락과는 차원이 다른 문제였다. 또 언젠가 '아이가 자기만 다른 음식을 먹는다는 사실을 알게 되면 어떻게 하지?'라는 아내의 고민과 수고도 같이 늘어만 갔다. 그래서 최대

한 모양이나 질감까지 비슷한 대체 음식을 만들기 위해 한국영양학회나 인터넷 카페를 드나들며 밤낮으로 연구했다.

그래서 밀가루를 못 먹는 아이에게 쌀을 재료로 피자나 핫도그, 붕어빵을 만들어 먹였고, 밀가루를 묻혀서 만든 돈가스는 쌀가루로 대체했다. 또 생선 살이 들어가는 어묵은 닭고기를 이용해서 최대한 비슷하게 흉내냈고, 달걀 마요네즈를 대신해서 콩으로 만든 소이마요를 먹였다. 그렇게 가깝게는 전라도에서 일본에 이르기까지 최대한 비슷한 대체 음식 재료를 찾았다. 또한 과도한 음식 제한으로 아이에게 필요한 영양이 제대로 공급되지 못할까 봐 우유나 유제품에 들어가는 칼슘을 보충하기 위해 유산균을, 소고기만으로 부족한 단백질을 보충해 주기 위해 철분제를 따로 먹였다.

4. 알레르기는 먹는 것만 문제가 아니다

5.
도대체 식품 알레르기는 왜 생기는 걸까?

아빠인 나 때문일까?

알레르기를 가진 아이를 양육하는 부모들이 대부분 그렇겠지만 주변 사람들이 아이에게 심각한 식품 알레르기가 있다는 사실을 알게 되면 오히려 상처를 줄 가능성이 있어서 처음에는 쉽게 드러내지 못하고 숨기기에 바빴다.

도대체 아이에게 왜 이런 심각한 알레르기가 생긴 걸까? 알레르기 원인을 말할 때 가장 먼저 유전을 떠올린다. 실제로 아토피 피부염의 경우 유전적 성향을 뒷받침하는 연구 결과도 많이 나와 있었다. 알레르기 가족력이 있다고 해서 반드시 아토피 피부염에 걸리는 것은 아니지만, 부모가 알레르기 증상이 있다면 아이의 알레르기 여부와 종류 그 정도를 정확하게 검사하고 항상 위험성이 높다고 생각해 적극적으로 관리할 필요가 있다는 게 연구진의 설명이다. 이렇게 유전은 무시할 수 없는 알레르기의 한 원인인 것은 분명해 보였다.

처음에는 알레르기와 관련된 그 어떤 말도 그냥 지나칠 수 없어서. 혹시 '나 때문인가?' 하며 자책하기도 했고, 알레르기가 전혀 없는 아내 때문에 처가 눈치를 보기도 했다. 아내와 다르게 나는 매년 봄이면 꽃가루와 공기 중에 날리는 송홧가루 덕에 병든 병아리처럼 시름시름 앓았고, 찬 바람 부는 환절기에는 부풀어 오른 코점막이 양쪽 코를 막는 만성 알레르기 비염으로 겨우내 코를 훌쩍거리며 코맹맹이 소리를 내야 했다. 게다가 음식 중에도 복숭아와 생꽃게에 심한 알레르기가 있었기 때문에 내가 아이에게 안 좋은 영향을 미친 것이 분명해 보였다.

오죽 답답하면 그랬을까?

학자 중에는 알레르기를 각종 환경 오염물질, 생활습성 같은 환경 요인이 아토피피부염을 부추기기 때문에 환경성 질환이라고 이야기하는 사람도 있다. 또 요즘 아이들은 예전에 비해 실내에서 활동하는 경우가 많으므로 집을 지을 때 실내를 따뜻하게 유지하기 위해 사용하는 성능 좋은 단열재도 원인이 될 수 있고, 과학의 발달로 포름알

데히드, 휘발성 유기화합물, 질산가스, 아황산가스처럼 이전까지 존재하지 않았던 다양한 화학물질이 만들어지면서 우리 몸속으로 유입되어 알레르기를 유발할 수도 있다고 한다. 아프리카 가나의 시골 마을에는 아토피가 없다는 사실에서 알 수 있듯이, 항생제 복용도 아토피 피부염 증가의 한 요인이 될 수 있다고 한다. 작은 질병에도 항생제를 남용하면서 알레르기 발생을 억제하는 장내 박테리아의 활동을 방해한다는 것이다.

심지어는 이런 생각도 했다. 결혼한 지 3년쯤 지났을 때였다. 대진 침대라는 가구회사에서 판매한 침대에서 미국환경청(EPA)이 1급 발암물질로 지정하고 폐암 발병 요인으로 지목했던 '라돈'이 검출된 것이다. 일명 라돈 침대를 사용한 사람들은 불안에 떨어야 했다. 정부에선 뒤늦게 라돈 침대를 모두 회수했고, 이를 사용한 피해자들은 사전에 이런 위험을 막지 못한 정부와 침대회사를 상대로 집단소송을 하는 등 사회적으로 큰 논쟁거리가 된 사건이 있었다. 그런데 결혼할 때 아내가 혼수로 준비해 왔던 침대가 바로 그 문제의 라돈 침대였다. 그래서 '혹시 라돈 침대 때문이 아닌가?' 하고 원망도 했었다.

오죽 답답하면 그랬을까? 유전이든, 환경변화든 알레르기의 원인은 어떤 한 가지로 단정지을 수 없이 여러 가지 원인이 복합적으로 작용해 일어난다는 사실이 나에게는 조금 위안이 되기도 했지만 더 이상 아이에게 무엇 때문에 알레르기가 생겼는지 따지는 것은 의미 없는 일이었다. 자책하는 대신 그 에너지를 좀 더 정확하고 효율적인 방법으로 치료하고 관리하는 데 써야겠다고 생각했다. 알레르기는 하루아침에 치료할 수 없다. 짧게는 몇 개월에서 길게는 몇 년이 걸릴지 모르는 긴 레이스의 시작이었다. 그 기나긴 싸움에서 지쳐 쓰러지지 않고 현명하게 이겨내기 위해서는 마음을 잡고 이끌어 줄 에너지가 필요했다.

아토피성 피부염

아토피성 피부염이란?

아토피성 피부염은 심한 가려움증을 동반하고 만성적으로 재발하는 피부 습진 질환이다.
아토피성 피부염과 알레르기는 모두 흔히 발생하는 피부질환이지만 각자의 진단 방법은 다소 차이가 있다. 아토피는 유전적 요인과 환경적 요인이 경합하여 발생하는 만성 피부질환으로 대부분 어린이에게 발생한다. 아토피는 피부가 건조하고 가렵고 염증이 생기는 특징이 있어 주로 피부과 전문의가 진단을 담당한다.

아토피의 원인

유전적인 요인과 환경적인 요인, 환자의 면역학적 이상과 피부 보호막의 이상 등 여러 원인이 복합적으로 작용하여 나타나는 것으로 알려져 있다. 다만 아토피 환자의 경우는 유전적인 요인이 70~80%를 차지할 만큼 가족력이 커서 부모 중 한쪽이 아토피성 피부염이 있으면 자녀의 경우 50%, 부모 두 명에게 모두 아토피성 피부염이 있으면 자녀의 75%가 아토피성 피부염을 앓는다.

아토피 증상

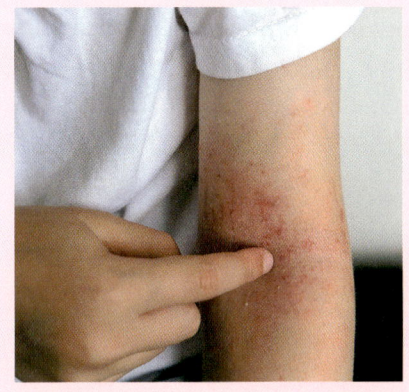

가장 큰 증상은 심한 가려움증이다. 외부의 자극이나 알레르기 유발 물질에 대해 매우 민감한 반응이다. 가려움증은 보통 저녁에 심해지고 이때 피부를 긁어서 피부의 습진성 변화가 발생하는 것이 특징이다. 그리고 습진이 심해지면 다시 가려움증이 더욱 심해지는 악순환이 반복된다.

치료방법

식품알레르기와 마찬가지고 일차적으로 증상의 발현과 악화를 예방하기 위해 원인과 유발인자를 제거하고, 적절한 목욕과 보습제 사용을 통해 피부를 튼튼하고 청결하게 유지한다. 이차적으로 국소 스테로이드제 연고와 먹는 약인 항히스타민제 등을 적절하게 사용한다.

알레르기 비염

알레르기 비염이란

어떤 물질에 대하여 코의 속살이 과민반응을 일으켜 발작적이고 반복적인 재채기, 맑은 콧물, 코막힘, 코 가려움증 등의 증상이 나타나는 질환이다.

알레르기 비염의 원인

리가 숨을 쉴 때 공기를 통해 흡입되어 알레르기 질환을 일으키는 물질을 흡입성 알레르겐이라 한다. 알레르겐은 실내에 존재하는 집먼지진드기, 반려동물 비듬, 바퀴벌레 분비물도 있고 실외에 존재하는 꽃가루나 날씨의 영향 등이 있다.

알레르기 비염의 증상

대표적인 증상은 재채기, 코나 입천장, 목, 눈, 귀의 가려움, 코막힘, 후각 감소 등이 있다. 보통은 20세 전 청소년기에 증상이 나타나는 경우가 많지만, 성인이 된 이후에 처음으로 나타나는 일도 있다.

알레르기 비염의 치료방법

가장 중요한 것은 알레르겐을 피하는 것이다. 그 외에 일차적으로 항히스타민 분사기를 증상 초기에 예방 차원에서 적절하게 사용하거나 가습기를 통해 습도를 조절한다. 증상이 회복되지 않으면 이차적으로 병원 방문을 통해 약물 처방을 받아 복용한다. 이외에도 알레르기 면역요법이나 수술요법이 있는데, 병원 방문을 통해 적절한 치료법에 대해 전문의와 상의가 필요하다.

6.
우리 가족의 알레르기 처치 3단계

가려워서 밤새 긁는 아이

알레르기 반응에 대해 평소 가정에서 관리해야 할 대처 방법은 많이 있지만 알레르기 질환은 그 발생 원인만큼이나 반응도 다양하고, 사람마다 편차와 정도의 차이가 있다. 최근에는 정확하고 과학적인 자료들이 시중에 많이 나와 있지만 전문적인 용어와 설명을 담은 서적들은 가슴에 잘 와닿지 않았고, 먼저 경험한 선배들의 현실적인 경험담은 찾기가 힘들었다. 그래서 지금도 지푸라기라도 잡고 싶은 심정으로 알레르기와 전쟁을 치르고 있는 수많은 알레르기 가족에게 우리 가족의 경험이 용기와 희망이 되길 바라며 이글을 쓰고 있는 것이다.

지금부터 소개하는 우리 가족의 경험은 대학병원 간호사 출신인 아내의 의료지식과 시중에 판매되는 전문 서적 그리고 실제 아이에게 적용했던 사례를 옆에서 지켜보며 재구성한 것이다. 우리 가족의 경우 그동안 피부 보습제와 음식 제한만으로도 관리가 잘 되었고, 증상이 있더라도 대부분 항히스타민제 사용만으로도 증상을 완화할 수 있어 아나필락시스까지 가는 경우는 거의 없었다. 앞서 말했듯이 사람마다 편차가 있을 수 있으니 참고만 해주길 바란다.

1단계, 첫째도 보습, 둘째도 보습

알레르기에 대한 가정에서의 대처 방법 중 가장 중요한 것은 바로 보습이다. 아무리 알레르기가 있는 음식을 잘 제한했다고 하더라도 보습이 잘되지 않으면 건조한 피부는 쉽게 피부염을 유발하고 금세 악화되고 만다. 실제로 하루만 보습제를 깜빡하고 바르지 않아도 가려워서 긁고, 긁은 곳엔 딱지가 앉아 피부염으로 번지는 악순환이 시작되었다. 분명 보습제만 잘 발라도 이를 예방하고 증상을 개선할 수 있다. 그러므로 식품 제한도 중요하지만, 피부 보습을

통한 관리에도 신경써야 한다.

보습제를 바르는 일은 가려움이나 붉어짐 등의 피부염 증상이 있기 전에 사용한다는 점에서 치료라기보다는 예방에 더 가깝다. 보습제는 피부 치료의 필수 아이템으로, 항상 피부를 촉촉하고 부드럽게 만들고 피부 장벽을 튼튼하게 한다. 실제로 보습제만 잘 발라줘도 아이는 훨씬 덜 가려워했고, 당연히 부작용 논란 때문에 불안한 스테로이드 사용량도 줄일 수 있었다. 아내는 하루의 시작과 끝을 보습제와 함께 할 정도로 아이의 보습에 신경을 많이 썼다. 계절에 따라 시간 간격을 달리 해서 발라주었고, 외출이나 목욕 후에도 반드시 발랐다. 하지만 보습제는 약이 아니기 때문에, 특정 반응이 시작되면 의사의 처방을 받은 약으로 치료해야 했다.

시중에는 많은 종류의 보습제가 나와 있지만, 아내는 보습제 하나를 선택할 때도 이것저것 꼼꼼하게 확인했다. 혹시나 하는 마음에 피부에 자극을 주지 않는 무색무취 제품을 주로 사용했고, 비싼 제품보다는 적당한 가격의 제품을 많이 사서 여러 차례 자주 발라주었다. 새로운 보습제를 사용하게 되면 연속으로 테스트를 해서 이상 반응이 있는지 확인한 후 발랐다.

한편 아내가 보습만큼이나 신경을 쓴 것은 온도와 습도였다. 대부분 피부염 환자는 온도와 습도에 매우 민감하다. 우리는 겨울철 습도는 50% 수준으로 하고 온도는 너무 뜨겁거나 춥지 않게 유지했다. 특히 땀은 피부를 자극하기 때문에 땀이 나면 바로 닦아내 피부 자극을 최대한 줄였다.

2단계, 스테로이드 사용

보습과 음식 제한, 집안 공기를 조사한 후에도 예방에 실패해서 피부염이 발생하면 다음 단계 치료법으로 스테로이드를 사용했다. 염증이 생긴 피부는 작은 자극에도 쉽게 가렵고 진물이 나고 부었다. 한 번 손을 대기 시작하면 더 가려워서 정신없이 긁고, 긁으면 다시 염증이 심해져 더 가렵다. 초기에 염증을 잘 치료해서 긁지 않아야 이런 악순환의 고리를 빨리 끊을 수 있다.

스테로이드는 이런 피부염 치료에 효과가 좋다고 알려졌지만, 부모님들은 인터넷상에 떠도는 무시무시한 부작용에 대한 공포로 걱정이 앞서기 때문에 사용을 꺼린다. 그뿐만 아니라 약을 바르고 좋아져도 그때뿐이라 일시적인 호전때문에 꼭 스테로이드를 발라야 하는가라는 의문을

가지기도 했다. 하지만 우리 가족은 아직까지 스테로이드보다 더 확실하고, 효과적인 치료제를 찾지 못했다.

우리 가족의 경우 아내가 부위에 따라 사용량과 방법을 잘 지키면서 발랐더니 한 번도 걱정할 만한 부작용은 없었다. 비교적 낮은 강도의 스테로이드가 개발되면서 부작용이 적은 약한 강도의 스테로이드 연고부터 시작해서 점차 단계를 높여 사용했다. 스테로이드의 강도와 세기는 1등급부터 7등급까지 다양하다. 아내도 2~3가지의 종류의 스테로이드를 가정용 트롤리에 담아 끌고 다니며 눈뜨면 손 닿을 만한 곳에 두었고, 외출할 때면 껌딱지처럼 챙겨서 몸에 꼭 지니고 다녔다. 한번 스테로이드를 사용하기 시작하면 조금 좋아졌다고 해서 끊으면 금방 다시 나빠지는 경우가 많아서 군불 정리까지 완벽하게 해야 했다.

혹시 약과 보습제가 겹친다면 함께 사용할 수 있는데 약과 보습제 모두가 동일한 제형이라면 약을 먼저 바르고 보습제를 발랐을 때 효과가 좋았다. 바르는 부위도 중요한데 특히 얼굴처럼 약하고 예민한 부위에 생기는 피부염은 같은 양을 발라도 피부 흡수가 더 빠르므로 강도와 횟수를 조절해야 한다.

3단계, 약물치료

음식 제한과 보습을 통한 관리, 그리고 스테로이드를 통한 치료로도 증상이 좋아지지 않는다면 마지막으로 약물 치료를 진행해야 한다. 병원 의사의 처방이 필요한 약물 치료제도 종류가 매우 다양하지만, 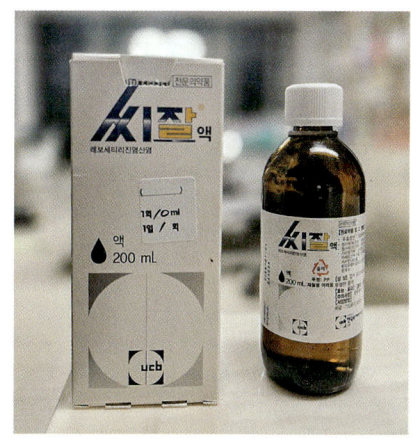 아내는 주로 '씨잘액(레보세티리진염산염)'을 사용했다. 먹고 나면 컨디션이 약간 떨어지는 부작용이 있어 어린아이에게는 먹일 때마다 망설이기도 했지만 먹자마자 바로 상태가 호전되는 것이 눈에 보여서 사용할 수밖에 없었다. 막상 지나고 보니 사용 방법만 주의해서 제대로 쓴다면 아이의 몸에 문제가 생기지 않기에 전혀 걱정할 필요가 없었다.

7.
들어는 봤나? 아나필락시스

음식 때문에 아이가 죽을 수도 있다.

아이가 두 돌 때쯤이었다. 아내가 혼자 집에서 아이를 챙기고 있었는데 아이에게 먹일 게 너무도 없었고, 매번 같은 음식을 먹이기가 안쓰러워 혹시나 하는 마음에 먹일 수 있는 음식을 찾아 인터넷을 뒤지기 시작했다. 피검사 결과를 참고로 반응 단계가 비교적 낮은 음식부터 하나씩 조심스럽게 시도해

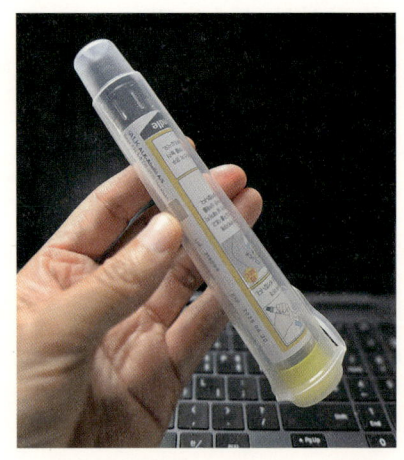

가며 먹을 수 있는 음식을 찾아가던 중이었다.

그중에서도 흰살생선은 첫 번째 혈액검사 결과에서 반응 단계가 1단계로 비교적 낮아서, 아내는 끓는 물에 생선을 삶아 아이에게 밥알만큼 먹이고 반응을 관찰했다. 그런데 생선이 목으로 넘어가면서 기침을 하기 시작하더니 차츰 몸에 기운을 잃어갔다. 깜짝 놀란 아내가 급하게 항히스타민제를 찾아 먹이자 아이는 곧바로 잠이 들었지만 자고 일어난 후에도 양쪽 눈이 퉁퉁 부어오를 만큼 난생 처음 겪어보는 심각한 증상이었다. 무사히 지나간 것이 천만다행이었지만, 시간이 지나서야 그때 그 증상이 '아나필락시스'라는 사실을 알게 되었다. 우리는 음식 때문에 아이가 죽을 수도 있다는 사실을 그때 처음 알게 된 것이다.

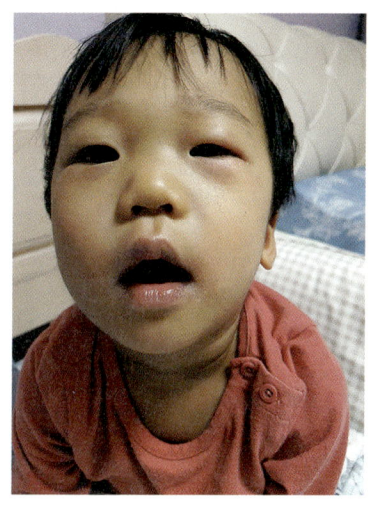

혼자서 얼마나 무서웠을까? 대학병원 중환자실에서도 근무한 경험이 있는 베테랑 간호사 출신이었지만, 자식이 죽을 수도 있다는 공포 앞에서 초연한 부모가 어디 있겠는가? '아나필락시스'를 한 번이라도 경험한 부모는 극도의 불안감에 사로잡힌다고 한다. 아마 그때부터였던 것 같다. 아내는 아이가 먹는 음식에 훨씬 더 예민해지기 시작했다. 그래서 알레르기 수치가 조금이라도 있는 음식을 집에서 시도하는 것 자체를 극도로 두려워하게 되었고, 지금까지도 우유, 달걀, 밀가루, 새우, 조개, 오징어 등 수많은 음식에 대한 유발검사는 모두 병원에서 거쳤다.

'아나필락시스'란 심각하고 치명적인 전신적 알레르기 반응을 말하는데, 피부나 위장에만 나타나는 게 아니라 몸 전체에 갑작스럽게 나타난다. 호흡기, 심혈관, 피부, 소화기 등 여러 기관에 동시에 증상이 발생하거나 한 기관에 나타나더라도 위험한 증상이 동반된다, 전신에 두드러기가 생기고 가려우면서 호흡기 증상이 나타나거나 구토, 설사, 복통 등의 증상이 나타나기도 한다. 가슴에 통증이 느껴지며 혈압이 떨어지고, 목이 조여와 호흡이 어려워지며 실신하게 되기도 한다. 이런 증상은 대부분 알레르기의 원인에 노출된 지 수 분 이내에 나타나기 때문에 재빨리 응급처치를 하지 못하면 생명이 위험할 수 있다.

조치만 잘 하면 충분히 막을 수 있다.

아내의 침착하고 빠른 대처가 없었다면, 그토록 사랑했던 아이는 지금 세상에 없을지도 모른다. 그 뒤로 지금까지 항히스타민제와 함께 필수로 들고 다니는 것이 바로 응급 주사다. 미리 예방할 수 있으면 제일 좋겠지만, 만약 증상이 발생하더라도 제대로 알고 조치만 잘하면 위험한 상황을 막을 수 있기 때문이다.

미국이나 영국 등 아나필락시스가 빈번히 일어나는 나라에서는 학교나 유치원에서 응급처치 교육을 하는 등 아나필락시스 관리가 체계적으로 이뤄지고 있지만, 아직 시스템이 갖춰지지 않은 우리나라에서는 부모가 미리 알고 대처하는 방법이 최선이다. 증상이 나타나면 젝스트나 에피네프린 같은 응급 근육주사를 투여해 응급처치를 해야 한다. 응급 주사는 의사의 처방이 필요하므로 멀리 여행이라도 가게 되면 사전에 꼭 병원 방문을 통해 미리 챙겨가야 하고, 혹시 해외여행이라도 하게 되면 비행기 안에서 음식을 섭취할 수 있으므로 기내로 반입하기 위해 영문으로 된 의사의 소견서를 꼭 챙겨야 한다.

과거 아나필락시스를 경험한 적이 있거나 아직 경험이 없더라도 음식 알레르기가 있다면 꼭 응급 주사를 준비해 두고 실전에서 사용할 수 있도록 사용 방법을 꼭 숙지해 두어야 한다. 만약 주사가 없다면 얼마나 빨리 병원에 가느냐가 관건이므로 평소 만약의 때를 대비해 유치원 등 아이가 자주 가는 곳에서 가장 가까운 응급병원을 미리 알아두거나 학교나 학원 등 주변 사람들에게 아이가 보일 수 있는 반응에 관해 설명하고 재빨리 병원에 연락해 줄 것을 당부해야 한다.

8.
새로운 가능성, 경구면역 치료법

아직 승인되지 않은 실험 단계의 치료법이지만…

최근까지 회피가 주요 전략이었던 음식 알레르기 영역에서 경구면역요법이라는 획기적이고, 적극적인 치료법이 등장했다. 아직 승인되지도 않은 실험적인 단계의 치료법이기는 하지만 먹을 수 있는 음식을 하나라도 더 먹이고 싶고, 먹을 수 있는 시기를 하루라도 더 앞당기고 싶은 부모의 마음을 움직이기에는 충분했다.

이 치료법은 알레르기 반응을 보이는 음식을 조금씩 먹여서 아이의 면역 시스템에 내성이 생기도록 도와주는 것이다. 하지만 아이의 나이가 너무 어리면 의사소통이나 협조가 제대로 되지 않으므로 외국에서도 만 4세 무렵(우리나라 나이로 5세)부터 이 치료 방법을 시작한다. 우리 역시 음식을 차단하면서 좋아지기만 막연히 기다릴 수는 없었기에, 아이가 5세가 되면 경구면역 치료법을 시작해야겠다고 생각하고 있었다.

그러나 아내의 발목을 잡았던 것은 우리나라에서는 집에서 거리가 먼 수도권의 일부 병원에서만 치료가 가능하다는 점이었다. 음식을 소량으로 여러 번 나누어 먹이며 아이의 반응을 관찰하는 것으로 시간이 오래 걸리지만 한 번에 할 수 있는 치료는 한 가지뿐이었다. 그래서 유발검사에는 하루가 꼬박 걸렸고, 한번 치료가 시작되면 도중에 쉽게 중단할 수도 없었기 때문에 우리 부부에게 경구면역 치료법이란 마치 끝없는 망망대해를 요트 하나에 의지하며 세계 일주를 위해 시동을 거는 김승진 선장의 마음과도 같았다. 게다가 치료하는 병원까지 거리가 멀다는 것은 시작도 하기 전에 몸과 마음을 지치게 했다.

치료를 위해 계속된 엄마의 날갯짓

그러던 중에 갑자기 '코로나19' 팬데믹 현상이 발생했다. 우리가 지금껏 한 번도 경험해 보지 못한 코로나는 세상을 참 많이도 변화시켰다. 가장 큰 변화를 보인 곳은 바로 학교였다. 사회적 거리 두기와 비대면 학습으로 인해 수업은 온라인으로 완전히 전환되었고, 어른도 쓰기 불편한 마스크를 종일 끼고 생활하는 덕분에 1년 동안 같은 반에서 생활한 아이를 길에서 만나도 마스크 벗은 모습을 보고 서로 알아보지 못하는 웃픈 일도 발생했다.

당시 아내는 학교에서 보건교사로 일하고 있었는데, 코로나의 전염성이 강해 개학이 점점 늦어지면서 학교도 준비할 것들도 많아졌다. 개학 후에는 코로나가 확진된 학생과 교직원들에 대한 역학조사와 유증상자 관리까지 학교 내의 유일한 의료인이었던 보건교사의 일이 되었다. 갑자기 늘어난 업무로 퇴근 후에도 쉴 틈이 없었고, 심지어 주말에도 출근해야 했다. 평소 꼼꼼한 일 처리로 빈틈이 없었던 아내는 일도 육아도 모두 완벽하게 처리하려다 그만 과로로 쓰러지고 말았다.

원인 모를 장 출혈로 대학병원 중환자실 신세까지 지고 나서야 겨우 회복됐던 아내는 병원 치료를 받는 순간에도 본인이 아니면 삼시세끼가 해결되지 않는 아이 걱정 때문에 마음 편하게 쉴 수도 없었다. 그렇게 강제로 휴식 기간을 갖고 병원에서 치료받는 순간에도 하염없이 아이의 치료와 관련된 정보를 검색했다. 아기새가 수천 번의 날갯짓을 반복한 끝에 하늘을 날 수 있듯이 아내는 과로로 쓰러져 병원에서 치료받는 순간에도 아이의 알레르기 치료를 위해 계속 날갯짓을 하고 있었던 것이다.

그러다 그동안 수도권에서만 가능했던 경구 면역치료가 집에서 승용차로 2시간 거리에 있는 인근 병원에서도 가능하게 되었다는 사실을 처음 알게 되었다. 정확한 건 알 수 없지만 수도권 병원에서 치료했던 교수님 한 분이 부산으로 내려오게 된 모양이다. 그동안 거리가 멀어서이기도 했지만 치료 가능 연령인 5세가 되지 않아 한사코 기다리고만 있었는데, 치료할 수 있는 시점에 이런 좋은 소식을 들으니 마치 황무지 벌판에서 금괴라도 발견한 기분이었다. 우리는 그렇게 치료를 시작했고, 새로운 음식을 하나씩 시도하며 먹을 수 있는 음식도 점차 늘어갔다. 그러다가 태어난 지 7년 만에 처음으로 짜장면과 햄버거를 맛보는 신세계를 경험하게 되었다.

9.
첫 번째 도전, 달걀

5살이 되자 본격적으로 경구면역 치료법을 시작했다.

  5살이 되자 본격적으로 경구면역 치료법을 통한 치료를 시작했다. 초등학교 입학 전에 모든 음식 알레르기를 완전히 해결하는 것을 최종 목표로 잡았지만, 우선은 급한 대로 알레르기 3종 세트인 달걀, 우유, 밀가루만이라도 통과해서 도시락을 싸지 않고 학교 급식을 먹을 수 있도록 하는 게 첫 번째 목표였다.

  치료를 해본 사람들은 알겠지만, 경구면역 치료는 절대 쉽지 않은 과정이었다. 치료를 시작하기 위해서는 우선 혈액으로 1gE 알레르기 항체를 측정해야 했다. 알레르기는 특정물질에 노출되었을 때

일부에서만 나타나는 '과민 반응'이므로, 알레르기 원인 물질이 몸 안에서 lgE를 만나면 증상이 나타난다. 이 반응을 기반으로 MAST 검사를 통해 알레르기 원인 물질을 규명할 수 있다. 검사 결과에 따라서 알레르기는

1~6등급의 수치로 분류되는데, 등급이 높을수록 증상은 더 심하다. 하지만 수치가 꼭 증상과 맞아떨어지는 것은 아니기 때문에 참고해서 치료 대상을 물색했고, 그래서 검사 수치가 낮은 단계의 음식 중에 아이에게 평소 많이 노출되는 음식이지만 꼭 먹고 싶어 했던 음식을 우선으로 선택했다.

치료할 음식을 선택하면 유발검사를 시행한다. 유발검사란 의사의 감독하에 의심되는 음식을 소량씩 섭취하면서 알레르기 반응을 관찰하는 것으로 중증 반응이 나타날 위험이 있어서 반드시 응급의료 시설이 갖추어진 병원에서 시행해야 한다.

우리가 했던 유발검사는 참치나 조개류처럼 먹을 수 있는지 없는

지 그 자체를 판단하기 위한 유발검사와 달걀, 우유, 밀가루처럼 따로 면역치료를 시작하기 위한 유발검사 이렇게 두 가지로 나뉘었다. 후자의 경우는 유발검사를 통과한 후에도 병원에서 처방받은 면역치료 스케줄표에 따라 집에서 수개월 동안 매일 알레르기 원인 음식을 소량으로 시작해서 조금씩 양을 늘려가며 먹어보는 증량기를 거쳐야 했고, 증량기가 끝나면 또다시 일정 기간 충분한 양의 원인 음식을 유지하는 유지기를 가져야 했다.

경구면역 치료법은 아주 적극적인 면역요법은 아니지만 알레르기 음식에 열을 가하면 증상이 완화되는 점을 이용하여 병원에서 먹었을 때 문제가 되지 않는 양을 집에서도 유지하도록 권하는 방식이었다. 우리는 알레르기 반응 검사 등 여러 가지 상황을 고려해 첫 번째 치료 대상으로 완숙 달걀을 선택했다.

첫 번째로 시도한 완숙 달걀 유발검사는 쉽게 통과했다.

기쁘게도 첫 번째로 시도한 달걀 완숙 유발검사는 쉽게 통과했다. 비교적 알레르기 항체가 적은 달걀 흰자를 끓는 물에 15분 삶은 달걀이었다. 시작부터 희망적이었다. 달걀의 경우는 다른 음식과 다르게 완숙과 반숙 두 가지로 나누어 진행했는데 두 가지 모두 통과되어야 달걀을 먹을 수 있다.

달걀만 완전히 통과되어도 일반 식당에서 파는 달걀부침이나 계란말이, 계란찜 같은 음식과 마요네즈가 들어간 소스나 달걀이 첨가된 빵과 과자 등 먹을 수 있는 음식이 무척 많아진다. 치료 과정을 보면 완숙 달걀 유발검사를 통과한 후에도 총 8개월간의 증량기와 12개월간의 유지기를 거치면서 내성을 쌓은 후, 다시 반숙 달걀에 대한 유발검사를 시도한다.

하지만 쉽게 통과했던 완숙 달걀과 달리 반숙 달걀은 쉽지 않았다. 1차 유발검사에 실패하고, 2차 유발검사가 있던 날이었다. 이번엔 출근한 아내를 대신해서 내가 아이와 병원에 동행하기 위해 회사에 연가를 신청했다. 병원에서 유발검사를 진행하기 위해서는 검사 일주일 전부터 약물(항히스타민제, 스테로이드, 해열제 등) 복용을 금지해야 한다. 그 외에도 검사 당일 감기 증상이 있거나 컨디션이 좋지 않으면 유발검사가 중지될 수도 있었다. 감기 증상의 경우 기침, 콧물 등이 동반되는 경우가 많은데 이런 증상이 알레르기 증상과 구분하기 쉽지 않아 검사 진행이 어렵기 때문이다.

그래서 혹시나 하는 마음에 외출도 자제하고, 음식도 평소보다 더 철저하게 차단해야 했기 때문에 유발검사 날짜가 다가오면 가족 전체가 극도로 예민해졌다.

9.
첫 번째 도전, 달걀

두 번째 반숙 달걀 유발검사가 있던 날

검사 당일이 되었다. 병원까지는 집에서 차로 2시간 거리다. 검사 2시간 전에는 평소 절반의 식사를 하고 금식을 유지해야 한다. 일단 검사가 시작되면 끝날 때까지 아무것도 먹을 수 없으므로 검사 중간에 배가 고파지면 검사가 힘들어질 수 있었다. 그래서 정상적인 검사 진행을 위해서는 최소한 아침 6시 전에는 일어나야 했다.

평소보다 더 이른 시간, 잠이 덜 깬 아이는 투정을 부리며 출발 전부터 심하게 보챈다. 마음을 다잡고 억지로 다시 일으켰다. 더는 지체할 시간이 없다. 이러다 어렵게 예약한 검사는 시작도 못하고 끝날 수 있었다. 나도 덩달아 목소리가 높아졌다. 힘들어하는 아이를 강제로 업어서 차에 태웠다. 차 안에서 겨우 정신을 차린 아이에게 아침밥을 꺼내서 내밀었다.

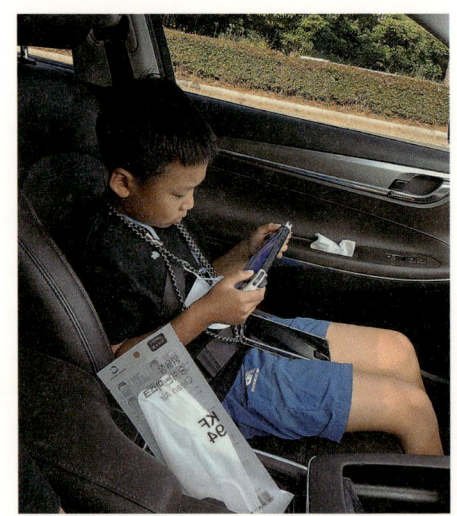

한 번 힐끗 쳐다보더니 보는 둥 마는 둥 한다. 큰일이다. 이대로 뭐라도 먹지 않으면 검사가 힘들어진다. 이제 5살인 아이에게 차 안에서 스스로 아침을 먹게 할 방법은 단 한 가지 '유튜브' 영상뿐이었다. 그렇게 히든카드를 너무 일찍 썼다. 오늘의 험난한 일정이 예상된다. 총 검사시간만 3시간, 그동안 아이가 병원에서 마실 물이나 간식, 가지고 놀 장난감과 그림책 등을 챙겨 가지만 그 어떤 것도 유튜브를 이길 수 없다.

아침밥을 먹는 아이를 확인하고 나서야 안도의 한숨을 쉬며 창밖으로 고개를 돌렸다. 병원 가는 길은 확 트인 바다가 한눈에 들어오는 광안대교와 부산항대교를 지난다. 오늘 있을 검사도 넓은 부산 바다만큼이지만 뻥 뚫리고 시원한 결과가 나오길 기대했다. 병원에 가까워질수록 출근하는 차들로 도로가 막히기 시작한다. 마음이 점점 더 조급해진다. 내비게이션에 도착 예상 시간이 8시 55분으로 찍힌다. 9시까지 도착해야 하는 상황에서 여유가 전혀 없다. 그래서 도착 10분 전부터 아이에게 영상을 끄고 내릴 준비를 하라고 여러 번 말했다.

차는 병원 입구로 들어가는 마지막 신호등 앞에서 대기 중이었다. 그런데 아이가 갑자기 쉬가 마렵단다. 그것도 '급쉬'란다. 이럴 때는 참 난감하다. 바지에 싸면 오늘 진료는 끝이다. 신호가 바뀌자마자 주차장 안으로 들어가는 길에 대충 차를 세우고 빈 물통을 아이에게 내밀었다. 아이는 여기서 쌀 수 없다고 다시 주차장 밖으로 나가자며 떼를 쓴다. 하지만 이미 차를 다시 돌릴 수도, 주차를 할 수도 없는 난감한 상황이다. 결국 들고 있던 물통에다 쉬를 했고, 소변은 금세 차서 물통 밖으로 넘쳐 나와 손에 묻기까지 했다. 소변량을 보니 유튜브를 보느라 쉬가 마려운데도 한참을 참고 있었던 모양이다. 그때 진료실에선 빨리 오라는 독촉 전화가 오고, 주차관리 요원은 차를 똑바로 주차하라고 고함을 지른다. 아이에게 너무 화가 났다. 살짝 뚜껑까지 열렸지만, 더는 화를 낼 시간도 없었다. 아이를 둘러업고 그대로 달렸다. 매번 검사는 시작도 하기 전에 온몸에 힘이 빠졌다.

10.
잘해 왔고, 잘하고 있어

제발 한 번만, 달걀에 성공하는 절체절명의 순간

오늘 검사는 끓는 물에 6분만 삶아낸 반숙 달걀이다. 검사실에는 총 4차례(4g, 8g, 10g, 100g)에 걸쳐 단계별로 진행할 반숙 달걀이 소분되서 준비되어 있었다. 단계마다 다음 단계로 넘어가기 위해서는 혈압과 산소포화도를 체크하고, 피부나 호흡에 이상 반응 여부를 확인했다. 20분 정도

관찰하고 나서 이상이 없으면 다음 단계로 넘어간다. 마지막 4단계까지 모두 통과한 후에도 2시간 동안 더 병원에 머물면서 지연성 반응 여부까지 확인해야 담당 교수님의 진료를 통해 통과 여부가 결정된다. 극히 드물지만, 때에 따라서는 다음 날 아침까지 지연 반응이 나타나는 일도 있어서 모든 일정이 끝나고 집으로 돌아온 후에도 다음날까지 안심할 수 없었다.

오늘은 시작도 하기 전에 배가 고프다고 칭얼거린다. 준비해 간 공룡 접기로 달래가며 1차 검사(4g)를 시작했다. 먹자마자 목이 따갑고, 속이 울렁거린다고 했지만, 혈압과 산소포화도는 정상이었고 몸에도 별다른 이상 반응이 없었다. 2차 검사(8g)를 시작했다. 아이는 목은 더 따가워졌고, 이번엔 배가 아프단다. 보통 이런 경우에는 진짜 아픈 건지 아닌지 헷갈린다.

나 아들 응가 한번 해볼래?
아들 응.

애써서 달랜 후 화장실로 데리고 갔다. 화장실로 들어간 아이는 평소보다 많은 양의 응가를 했다. '응가가 마려워서 그랬구나.'라고 안심했다. 잠시 후 3차 검사(10g)를 시작했다. 이번에도 다른 증상은 없었는데 배가 더 많이 아파졌단다. 이제 마지막 4차 검사만을 남겨

두고 있었다.

검사를 담당하는 간호사는 더는 진행이 어려울 것 같다며 말렸지만 나는 힘들게 여기까지 왔으니 할 수 있는 데까지 해보자는 생각이었다. 담당 교수도 "마지막 한 번 남았는데 해보죠. 혹시 반응이 있으면 치료하면 되니까, 어떤 반응이 나타나는지 한 번 더 봅시다."라며 내 생각에 힘을 실어 줬다. 그토록 기다려왔던 달걀을 이제 한 번만 더 먹으면 완전히 통과하게 되는 절체절명의 순간이었다.

이왕 시작한 거 약해지면 안돼.

달걀을 먹을 수만 있다면 그만큼 먹을 수 있는 음식은 많아지고 아내의 수고도 덜게 된다. 가슴이 벅차올랐다. 오랫동안 기다리고 기다렸던 순간이라 중단하고 싶은 생각이 단 1%도 없었고, 아이의 의견 따위는 안중에도 없었다.

마지막 4차 검사를 위해 알 수 없는 표정을 짓는 아이를 데리고 검사실로 들어갔다. 아이는 먹기도 전에 의자에 앉자마자 다시 배가 아프다고 소리쳤고, 바닥에 눕기까지 했다. 유발검사는 스스로 먹어서 삼켜야 해서 억지로 할 수는 없는 일이었다. 아이에게 이미 약발이 떨어진 유튜브 영상까지 다시 내밀어 봤지만, 고개를 절레절레 흔들었다. 나는 그제야 아이가 '진짜 아프구나.'라고 생각했다.

10.
잘해 왔고, 잘하고 있어

결국 검사를 중단했고 아이를 진료 침대에 눕혔다. 누워서도 계속 배가 아프다며 통증을 호소하는 아이에게 담당 교수님은 응급 주사(젝스트)를 놓았다. 응급 주사는 알레르기 반응이 가장 심각할 때 사용하는 주사였다. 그런데 신기하게도 주사약이 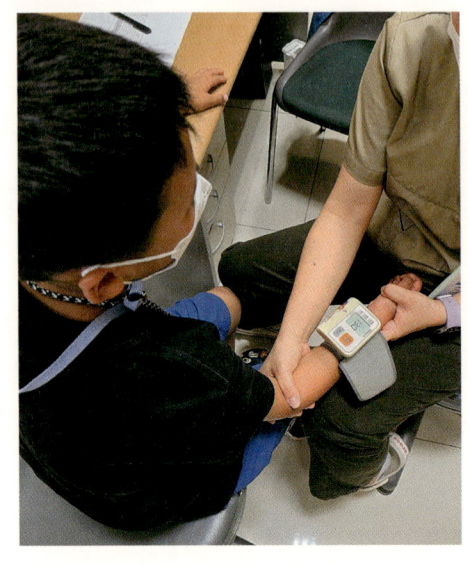 들어가자마자 아이는 거짓말처럼 회복되었다. 아이가 지금까지 보인 반응은 모두 진짜 알레르기 반응이 맞았다.

지나고 보니 두 달 전에 실패했던 반숙 달걀 검사에서 1단계로 0.5g을 먹고 아나필락시스를 경험했던 아이는 반숙 달걀에 트라우마가 생긴 것 같았다. 또 어린이집에서 생활하며 살짝살짝 반숙 달걀에 노출된 적이 있었는데, 그때마다 반응이 있었기에 아이는 오늘 검사가 있기 전부터 이번엔 안 될 것 같다고 본능적으로 느끼고 있었던 모양이다. 하지만 엄마, 아빠의 너무 큰 기대 때문에 할 수 없이 따라나섰고, 그래서인지 오늘따라 더 많이 보챘다. 그런 아이에게 아빠로서 인성의 밑바닥을 보여 줄 만큼 크게 화를 냈으니, 아이는 얼마나 서러웠을까. 갑자기 미안한 마음이 부산 시내를 다 덮을 만큼 큰 쓰나미가 되어 밀려왔다. 하지만 이대로 바닷물에 휩쓸릴 수는 없었다. 이왕 시작한 거 약해지면 안 된다고 마음을 더 다잡았다. 주사를 맞고 회복된 후, 진료실에서 담당 교수님을 다시 만났다.

"실패하긴 했지만, 그래도 이번 테스트를 통해 4단계까지 시도한 것은 아주 큰 수확이에요. 집에 돌아가시면 계란말이나 계란찜, 계란국 같은 것들은 시도해 봐도 될 것 같아요."

검사가 끝났을 때 실망감에 축 늘어진 내 어깨는 교수님의 말을 듣고 다시 제자리를 찾았다. 아이도 언제 무슨 일이 있었냐는 듯이 방긋방긋 웃고 있었다.

유발검사는 꼬박 하루가 걸리는 힘든 과정이다. 아이는 5살 무렵부터 초등학교 2학년이 된 지금까지도 여러 음식에 대한 유발검사를 반복해 오고 있다. 뒤돌아보면 마치 숨쉴 틈 없이 몰아치는 서스펜스와 스릴이 넘치는 한 편의 드라마와도 같았다. 경구면역치료는 부모도 부모지만 아이도 할 짓이 아니기는 마찬가지였다.

11.
좌충우돌 어린이집 적응기

우여곡절 끝에 보내기 시작한 어린이집

휴직 중이던 아내는 낮에 혼자 아이를 돌보느라 에너지를 소비하고, 밤에는 가려워서 잠을 설치는 아이 때문에 점점 방전되어 갔다. 그래서 어린이집에 보내는 문제를 두고 심각하게 고민하고 있었다. 먹을 수 있는 음식이 별로 없는 아이를 도시락까지 싸가면서 어린이집에 보내야 할지 아니면 계속 집에서 돌봐야 할지, 쉽지 않은 선택이었다. 나는 언젠가는 아이도 사회생활을 해야 한다며 어린이집에 보내자고 아내를 설득했지만, 사실은 충전할 시간이 필요했던 아내가 걱정이 더 컸다.

우여곡절 끝에 다니기 시작한 어린이집에서는 하루에 한 번씩 키즈노트*를 통해 아이가 원에서 생활하는 사진을 올려주는데 일하면서 한 번씩 사진을 확인하는 시간은 하루의 피로를 풀어주는 비타민 같았다. 그러나 한편으로는 걱정도 많았다. 원에서 생활하는 동안 실수로 위험한 상황이 발생할까 봐 무섭기도 했고, 음식을 마음대로 먹지 못해 거절과 좌절이 반복되면서 아이의 심리도 위축될까 걱정도 되었다. 아내는 그런 아이가 집에 돌아오면 아이들과 다른 음식을 먹는다고 놀림이라도 받진 않을지 위축될 것 같아서 위로의 말과 칭찬을 던졌다.

"아들만 다른 걸 먹어서 속상하진 않았어?"
"오늘 빵과 과자를 못 먹어서 속상했겠네."
"같이 먹고 싶었을 텐데 잘 참아내는 걸 보니 정말 씩씩하다."

또한 알레르기는 부끄러운 것이 아니기 때문에 절대로 숨기지 말고 당당하게 표현하고 배려받을 수 있도록 가르쳤다.

원에 다니기 시작하면서부터 원인 모를 발진이 하루도 빠지지 않고 몸으로 올라왔다. 피부 여러 곳에서 좁쌀만 한 크기부터 손가락

* 키즈노트 : 어린이집에서 원생들의 생활을 부모에게 알리는 프로그램으로 알림장, 공지사항, 앨범뿐 아니라 다양한 서비스를 제공하는 모바일 알림장

만한 두드러기에 이르기까지 모양도 크기도 다양했다. 아이가 가려워하는 모습을 지켜볼 때마다 아내는 어린이집에 보내기로 한 것을 후회했다.

가슴을 후벼팠던 사진 한 장

문제의 그날도 '오늘은 어떤 사진이 올라왔을까?' 하는 기대감과 함께 원에서 올려준 사진을 확인하고 있었는데, 사진 속 아이의 표정이 굉장히 이상하고 야릇해서 도대체 어떤 상황인지 한참을 생각하게 만들었다. 지금까지 한 번도 본 적 없는 표정이었다.

사진 속에 아이는 제자리에 서서 실에 매달린 과자를 두 손 모아 바라보고 있었다. 그런데 과자를 바라보는 표정이 평소와는 매우 달랐다. 나중에 어린이집 선생님으로부터 전후 사정을 자세히 듣고 나서야 비로소 알게 되었다. 어린이날 행사로 달려가서 천장에 실로 매달린 과자를 빨리 먹고 돌아오는 게임을 하고 있었는데, 실수로 아이가 먹을 수 없는 과자로 게임을 한 것이다. 당시만 해도 아이는 100% 쌀로 만든 과자 이외에는 아무것도 먹을 수 없을 때였다. 그래서 아이는 제일 먼저 과자 앞에 도착했지만, 엄마가 했던 말이 생각났다.

"아들, 처음 보는 과자는 꼭 엄마한테 물어보고 먹자."

사진 속의 그 표정은 먹고 싶었지만 먹을 수 없어 바라만 보고 있었던 3살 아이가 겪은 일생일대의 시련을 그대로 보여주고 있었다. 지금도 그 과자의 이름을 잊어버리지 않았다. 아마도 평생 잊지 못할 그 과자의 이름은 바로 '양파링'이었다.

남들에게 지극히 평범한 일상마저 아이에겐 그렇게 특별했다. 아직 어린아이가 그 큰 시련 앞에서 흔들리지 않고 자신을 지켜낼 수 있었던 것은. 아마도 집 밖에서는 누군가 호의로 준 사탕도 절대 받아먹으면 안 되고, 처음 보는 과자는 성분을 모르니 꼭 엄마한테 물어보고 먹자고 가르친 아내의 노력 덕분일 것이다. 얼마나 먹고 싶었을까? 과자를 그냥 하염없이 바라만 보는 모습에 참았던 눈물이 왈칵 쏟아졌다.

9살이 된 아이는 얼마 전 달걀, 우유, 밀가루까지 모두 통과했고,

이제 시중에서 파는 웬만한 과자는 다 먹을 수 있게 되었다. 과자를 통과한 기념으로 학교를 마치고 집으로 돌아오는 아이를 데리고 동네 마트에 들렸다. 곧장 과자 판매대로 달려간 아이에게 먹고 싶은 과자를 모두 고르라고 했더니 접어든 과자가 바로 '양파링'이었다. 그 모습을 보니 그때 그 사진이 떠올라 또다시 눈시울이 붉어졌다.

12.
1년 동안 17번의 생일파티

어린이집에서 생일파티를 하기로 했다는 문자를 받았다.

처음 어린이집에 다니기 시작한 이후로 초등학교에 입학하기 전까지 매년 새로운 곳으로 어린이집을 옮겨 다녔지만, 특유의 친화력으로 별다른 문제 없이 잘 적응해 준 아이가 참 고마웠다. 여기에는 운 좋게도 좋은 원장님과 선생님들을 만나 많은 배려를 받았던 이유도 있었다. 4세 때는 원장 선생님이 일주일에 한 번씩 담임교사, 조리사, 아내와 함께 모여 식단에 대해 상의하는 자리를 만들어 주셨고, 잡곡밥(당시 아이는 글루텐 알레르기로 인해, 보리를 먹을 수 없었다)을 못 먹는 아이에게 밥만이라도 따뜻하게 해서 먹이고 싶다며 아이만을 위한 흰 쌀밥을 따로 지어서 먹이기도 했고, 간식만이라도 집에서 신경쓰지 않도록 해주겠다며 아이가 먹을 수 있는 다시마와 야채 육수를 사용해서 죽을 끓여 주기도 했다. 입소 거부까지 당했던 경험이 있었던 아내에게는 마치 굵은 동아줄과도 같은 배려였다. 그뿐만 아니다. 5세 때는 어린이집에서는 탕수육이 나오는 날 밀가루를 먹지 못하는 아이를 위해 찹쌀가루로 탕수육을 만들어 준 적도 있었고, 아이가 먹지 못하는 멸치액젓을 쓰지 않은 김치를 직접 담가 주기도 했다.

문제는 마지막으로 보낸 원이었다. 상급반인 6세 반이 없어서 할 수 없이 원을 옮겨야 했는데, 아이를 받아줄 만한 곳이 없어서 바로 집 앞의 어린이집을 두고도 차로 15분 거리에 있는 사설 어린이집에 보내게 되었다. 지금까지 다니던 소규모 어린이집과는 다르게 한 반에 많은 원생을 수용하는 원이어서 인생 최대의 난관에 부딪혔다.

하루는 원에서 안내 문자가 왔다. 그동안 코로나 때문에 못 했던 원생들의 생일파티를 올해부터 다시 하게 되었는데, 각자 가정에서 직접 준비해 온 음식으로 파티를 한다는 것이었다. 우유, 달걀, 밀가루 알레르기로 케이크를 먹을 수 없었던 우리 가족에게 아무런 예고도 없이 일방적으로 통보한 것이다. 원에서도 아이의 이런 사정을 잘 알고 있었기 때문에 더욱 화가 났고, 더군다나 어린이집의 완고한 태도에 억장이 무너졌다. 그동안 여러 차례 원을 옮겨 다녔지만, 아이를 배려해서 먼저 생일파티를 어떻게 할지 상의를 해오거나 아이들이 함께 생일파티를 즐길 수 있는 방법을 함께 고민해 주었기 때문이다.

생일파티를 위해서는 아이가 먹을 수 있는 비건 케이크를 최소 일주일 전에 따로 주문해서 택배로 받아야 했고, 과자나 음료수 등 아이가 먹을 수 있는 것들로 따로 준비해야 할 만큼 번거로운 일이었다. 같은 반 원생 수가 17명이니까 한 해 동안 모두 17번의 생일파티를 준비했다. 만약 깜빡하고 놓치게 되면 다른 아이들이 생일파티를 하는 동안 우리 아이 혼자서 구경만 해야 하는 악몽 같은 일이 벌어질 수도 있었기 때문에, 달력에 꼼꼼하게 체크까지 해놓고 날짜가 다가올수록 긴장을 풀지 않았다.

갈등을 해결하기 위해 어린이집을 찾았다.

하지만 더 큰 문제는 따로 있었다. 생일상에는 당사자인 아이의 가정에서 준비한 음식 이외에 다른 음식을 올리는 것은 민원의 소지가 있다며 준비해 간 음식을 생일상에 같이 올리지 못하게 했다. 어린이집의 이런 태도를 도무지 이해할 수가 없었다. 그러면 우리 아이는 원생들이 17번이나 생일파티를 하는 동안 먹지 못하는 음식을 구경만 하고 있으란 말인가? 우리 가족의 민원은 민원이 아니란 말인가? 소수 약자에 대한 배려도 교육이 아니던가? 그날 밤 우리 부부는 눈치 빠른 아이가 잠들 때까지 기다렸다가 이불을 덮어쓰고 눈물을 흘려야 했다.

다음날 나는 생일파티로 인한 갈등을 해결하기 위해 원을 찾았고, 담임교사와 이야기 마치고 나오면서 맑은 하늘에 벼락을 맞은 듯한 깨달음을 얻게 되었다. 담임교사의 태도는 그동안 내가 아내에게 해왔던 태도와 너무나도 닮아 있었다. 평소 아이는 자신이 먹을 수 있는 음식과 먹을 수 없는 음식을 잘 구분하고 있고, 스스로 표현도 잘 해서 걱정을 안 해도 되는데 오히려 부모님이 너무 예민하게 받아들인다는 것이었다.

담임교사의 그런 말은 자식이 눈앞에서 음식을 먹고 의식을 잃어 가는 모습을 보았다면 결코 쉽게 할 수 없는 말이었다. 아내는 아나필락시스를 경험한 후, 음식 자체에서 오는 반응뿐 아니라 칼이나 도마, 그릇이나 믹서기 같은 조리 기구에 묻어 있는 음식 성분때문에라도 발생할 수 있는 알레르기 반응을 차단하기 위해 식당에서 음식을 주문할 때마다 깨끗하게 씻어 달라는 말을 달고 살았고, 그런 말 때문에 오해를 받아 얼굴을 붉히거나 주문을 거부당하는 일도 있었다. 나 역시도 때로는 그런 아내가 너무 예민하다고 생각한 적도 있었다.

그러나 생각해 보면 지금까지 단 한 번의 큰 사고도 없이 아이가 자신의 식품 알레르기에 대해서 주눅 들지 않고 당당하게 이야기하며 알레르기 전쟁에서 잘 싸워주고 있는 것은 다른 어린이집에서 받아왔던 배려와 예민할 정도로 완벽하게 알레르기를 차단하고, 절대로 숨기지 말고 당당하게 표현해서 배려받아야 한다고 가르친 아내의 노력 덕분이었다. 그런 아내의 마음을 남편마저 몰라줬으니 얼마나 외롭고 힘들었을까? 그때부터 다른 사람 탓할 것 없이 나부터 달라져야 하겠다고 다짐했다. 나는 퇴근 후 집으로 오자마자 아무 말 없이 아내를 꼭 안아주었다. 그리고 언제나 아내의 편이 되어주겠다고 다정하게 속삭였다.

원에서 아이가 겪었던 어려움은 생일파티만은 아니었다.
아이들의 생일파티는 어린이집마다 조금씩 달랐다. 생일파티를 따로 하지 않거나 원에서 준비한 가짜 생일상으로 사진만 찍는 어린이집도 있었고, 따로 생일파티를 하더라도 해당 일별로 축하하는 곳과 해당 월별 또는 3개월마다 모아서 함께 생일파티를 진행하는 곳도 있었다. 진행 방법도 제각각이라 생일인 원아가 아무것도 필요하지 않은 원도 있었고, 따로 반 아이들과 함께 먹을 케이크와 과자를 기본으로 가져오게 하는 곳도 있었다.

아이가 다니는 원에서는 17명의 생일파티를 해당 일별로 진행했다. 나는 아이들 생일파티를 꼭 그렇게까지 해야 하나 라고 생각했지만, 일단 생일파티로 인한 갈등은 아이가 따로 준비해 간 음식을 생일상에 같이 올리지는 않고, 먹을 때 함께 먹을 수 있도록 하는 것으로 일단락되었다.

원에서 아이가 겪었던 어려움은 생일파티만이 아니었다. 알레르기에 대해 자세히 알지 못하는 친구들에게 아이가 편식한다며 오해를 받기도 했고, 어떤 아이는 못 먹는 음식을 아이 식판에 올려놓으며 장난을 치기도 했다. 또 우유를 못 먹는 아이가 먹을 수 있도록 따로 준비해 간 과일주스를 자기도 먹겠다며 떼를 쓰는 아이도 있었고, 매번 접촉만으로도 반응을 보이는 알레르기 수치가 높은 음식이 나오는 날은 같은 반 아이들 손을 깨끗이 씻어 달라는 말에 얼굴을 붉히는 선생님도 있었다. 한 번은 원에서 일하는 조리사분께 음식에 들어가는 성분을 미리 물어봤다가 봉변을 당하기도 했다.

"괴롭히지 마세요. 자꾸 그러면 당장 그만둘 거예요."

다친 마음은 쉽게 아물지 않았지만, 혹시라도 어린이집을 다시 옮겨야 하는 상황이 될까 두려워 큰소리 한 번 제대로 칠 수 없었다. 그동안 어렵게 적응했던 원을 옮기는 것도 문제지만 아이가 다닐만한 원을 찾는 것도 쉽지 않았던 것이다.

아이의 7번째 생일, 우리도 특별한 생일상을 준비했다.

아이에게도 7번째 생일이 찾아왔고, 우리도 생일파티를 준비했다. 아내는 아이의 생일에는 좀 더 특별한 생일상을 준비하기로 마음먹었다. 같은 반 아이들이 모두 함께 먹을 수 있도록 알레르기가 없는 음식들로만 준비했고, 하루 전날 일일이 상자에 담아서 정성껏 포장까지 했다. 그리고 이 모든 과정은 아이가 직접 준비하고 친구들에게 나눠주도록 했다.

아이는 같은 반 친구들이 어린이집에서 모두 17번의 생일파티를 하는 동안 단 한 번도 원이나 친구들에게 배려받지 못했고, 못 먹는 음식 대신 엄마가 따로 싸준 음식을 먹으며 친구들의 생일을 축하해야 했지

만, 자신의 생일만큼은 모두 같은 음식을 먹으며 함께 즐기는 생일파티를 준비하고 싶었다.

아내는 아이들을 교육하는 교육기관이나 같이 자식을 키우는 부모로서 알레르기를 가진 아이의 입장을 한 번쯤 생각해 봤으면 하는 마음을 아이의 7번째 생일파티를 통해서 간접적으로라도 표현하고 싶었다. 또 아이에게는 다 함께 생활하는 '공동체'라는 사회생활을 통해 나와 다른 다양한 사람들을 이해하고 함께 어울리는 법을 가르치고 싶었다.

13.
아이의 첫 번째 거짓말

아빠 몰래 무언가를 먹고 있었다.

보통 아이들은 오후 3시면 대부분 원에서 집으로 돌아가고 나머지 아이들은 통합반으로 이동해서 따로 남아 놀게 된다. 요 며칠 하루가 다르게 크는 아이를 일 때문에 바빠서 눈에 담지 못한 게 아쉽기도 했지만, 매번 늦게까지 원에 남아 있는 아이가 안쓰러웠다.

그래서 오늘은 육아시간까지 써가며 평소보다 2시간이나 일찍 퇴근했다. 아빠가 데리러 왔다는 소리를 듣고 2층 계단에서부터 신이 나서 뛰어 내려오는 아이의 소리가 들린다. 일찍 데리고 온 아빠를 보더니 함박웃음을 짓는다. 그런데 함께 돌아오는 길에 집 앞 놀이터에서 또래 아이들 여러 명이 놀고 있는 모습을 보더니 같이 놀고 싶다며 달려간다. 아빠가 보고 싶어서 일부러 일찍 퇴근한 걸 아는지 모르는지 벌써부터 이러는 것이 살짝 섭섭하기도 했다. 아이는 어려서부터 혼자 자라서 그런지 친구들과 함께 노는 걸 매우 좋아했고, 처음 보는 친구들과도 곧잘 어울렸다. 그렇게 아이는 해가 질 무렵까지 한참을 놀았다. 인제 그만 집으로 가자며 아이를 불렀더니 어디선가 나타난 아이는 입에 무언가를 오물거리며 씹고 있었다.

"아들, 뭐 먹어?"
"응, 아무것도 안 먹어."

부모의 무서운 직감으로 뭔가 이상함이 느껴졌다. 아빠와 제대로 눈을 마주치려고 하지 않고 계속 말끝을 흐린다. 아이가 태어나서 처음으로 거짓말을 했다.

같이 놀던 아이에게 무언가를 받아서 손에 들고 다니는 것을 보았지만 그냥 주니까 받아서 들고 있겠거니 생각했는데 그걸 먹은 모양이다. 아이는 이제 혼자서도 음식에 붙어 있는 성분표를 확인할 수 있고, 먹을 수 있는 것과 없는 것을 잘 구분할 수 있다. 지금까지 처음 보는 음식은 함부로 먹은 적이 없었고, 먹겠다고 떼를 쓰지도 않았다. 그래서 설마 성분도 모르는 음식을 확인도 없이 먹을 거라고는 생각하지 못했다. 그런 아이가 아빠 모르게 무언가를 먹고 있었다. 그리고 아무것도 안 먹었다고 태어나서 처음으로 거짓말까지 했다. 정색하며 다시 물어보는 아빠에게 아이는 이렇게 말했다.

"응, 내가 성분표 봤어, 사과밖에 안 들어갔어."

은근슬쩍 넘어가려는 모습에 화가 나기도 했지만, 한편으로는 그동안 먹고 싶어도 먹을 수 없었던 음식을 참기만 하느라 얼마나 힘들었을까 하는 불쌍한 마음과 지금껏 군소리 없이 잘 따라준 아이에게 고마운 마음이 들어서 더 이상 아무 말도 하지 않고 집으로 돌아왔다.

거짓말까지 해가면서 먹고 싶었던 건 뭐였을까?

2시간쯤 지났을 때였다. 갑자기 눈이 가렵다며 양손으로 심하게 비비기 시작했다. 순식간에 양쪽 눈의 흰자가 심하게 부풀어 오르더니 온몸에 여기저기 붉은 발진과 두드러기가 올라왔다. 그런데 평소에 자주 보던 흔한 발진과는 크기도 모양도 완전히 달랐다. 아마도 철저하게 차단해 왔던 새로운 알레르기 성분이 들어간 게 분명했다. 다행히도 스테로이드와 항히스타민제만으로도 알레르기는 어느 정도 진정되었지만, 평소보다 심한 발진에 아이도 나도 놀라긴 마찬가지였다.

항히스타민제를 먹고 약에 취해 잠든 아이를 걱정스레 바라보며 어느덧 두툼해진 양쪽 다리를 만져보니 언제 이만큼 컸나 싶은 생각이 든 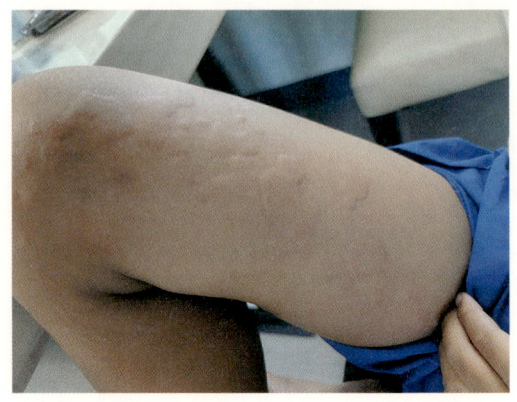 다. 오늘 아이가 태어나서 처음으로 거짓말까지 해가면서 몰래 먹었던 것은 바로 우유가 들어간 젤리였다. 다음날 아이에게 말했다.

"아들, 먹는 건 괜찮아. 그런데 뭘 먹었는지는 아빠가 알아야 혹시 문제가 생기면 제대로 대처할 수 있어. 몰래 먹더라도 꼭 엄마, 아빠 가까이 있는 곳에서 먹어."

그 말이 떨어지기 무섭게 아이는 갑자기 내 배에 얼굴을 파묻었다. 내가 한마디 더 하려고 하자 이번엔 더 깊숙이 얼굴을 파묻으며 고개를 숙였다. 어쩌면 아빠의 따끔한 야단이 없더라도 아이는 스스로 잘못을 너무 잘 알고 있었을지도 모르겠다. 지금 내 가장 큰 소망은 아이가 뷔페 집에서 먹고 싶은 음식을 마음껏 먹는 걸 보는 것이다.

14.
던져 버리고 싶은 도시락 가방

아내는 매일 아침 도시락을 쌌다.

아이가 집을 떠나 세상 밖으로 나오기 시작하면서부터 아내는 하루도 빠짐없이 도시락을 쌌다. 요즘 같은 급식 시대에 살면서 도시락이 웬 말이냐 하고 생각할 수도 있겠지만, 아이는 엄마가 싸준 도시락 없이는 단 하루도 살 수 없다. 그래서 원에 다니기 시작한 3살 때부터 초등학생이 된 지금까지 등에 메는 책가방뿐 아니라 커다란 도시락 가방을 하나 더 들고 다녔다.

아내는 식단표를 미리 받아서 다른 아이들이 먹는 음식과 비슷한 음식으로 대체 음식을 만들었고, 아이가 먹을 수 있는 비건 재료들을 이용해서 모양과 질감까지 최대한 비슷하게 만들기 위해서 매일 노력했다. 아이가 매일 들고 다니는 도시락 가방에는 음식만 들어 있는데 아니었다. 혹시 일어날지 모르는 알레르기 반응에 대비해서 바르는 스테로이드 연고와 먹는 항히스타민제(일명 '씨잘') 그리고  아나필락시스 증상에 대비한 응급 주사(일명 '젝스트')까지 항상 비치되어 있었다.

아내도 워킹맘이라 매일 아침 출근 준비만으로도 바빴을 텐데 따로 아이 도시락까지 챙겨야 하니 그 고생은 말로 다 할 수가 없다. 시집오기 전에는 잠이 많아서 아침밥도 제대로 못 챙겨 먹고 출근하던 사람이라 더욱 그랬다. 엎친 데 덮친 격으로 코로나 사태까지 겹치면서 직장에서는 아내를 찾는 일이 더 많아졌고, 나는 그런 아내를 대신해서 등·하원이라도 전담해서 하려고 일근 부서로 근무지까지 옮겼지만, 아내의 수고를 덜기에는 역부족이었다.

간지러워, 얼마나 간지러운 줄 알아?

당시 5살 때 시작된 경구 면역치료는 밀가루 증량기를 거치고 있었다. 갑자기 밀가루 용량을 올려서인지, 아니면 어린이집에서 원인 모를 알레르기에 노출된 것인지, 알 수 없는 이유로 매일 몸 여기저기에서 두드러기 발진이 발견되었다. 우리 아이처럼 모든 음식에 알레르기 수치가 높고, 피부염도 심하면 음식 때문인지 아니면 다른 원인 때문인지 구분하기도 쉽지 않다.

그날 아침에도 차량으로 아이 등원을 시키던 중이었다. 물론 커다란 도시락 가방과 함께였다. 아이가 두 손으로 목덜미를 긁기 시작하더니 여기저기 가렵다며 칭얼거려서 도시락 가방에서 스테로이드 연고를 꺼내 맨눈으로 보이는 부분만 우선 발라주었다. 연고만으로 효과가 없으면 항히스타민제를 먹일 작정이었지만 아직 어린아이에게 먹는 약은 졸리거나 종일 컨디션이 가라앉는 부작용이 있어서 먹이기 전에 몇 번씩 망설였다. 오늘처럼 아침부터 약을 먹여서 원에 보내는 날이면 하루 종일 신경이 쓰였기 때문이다.

어린이집까지는 차로 15분 거리다. 알레르기 때문에 입소 거부를 당해서 집 앞에 가까운 원을 두고 차로 15분이나 걸리는 거리를 돌아서 가야 했다. 가는 도중 목덜미의 손톱만 하던 두드러기는 어느새 엄지손가락 말해지더니 왼쪽 팔에까지 번졌다. 결국 아이에게 항히스타민제를 먹였다. 아이를 보내고 출근하는 발걸음이 무거웠다. 아이 걱정에 도무지 일이 손에 잡히지 않았다. 퇴근하자마자 원으로 달려가 아이를 붙잡고, 오늘 하루 어땠냐고 물었다. 다행히 더 번지지는 않고 금방 괜찮아졌다고 대답한다. 그런데 이번엔 왼쪽 손가락을 긁기 시작했다. 간지럽다며 집으로 돌아오는 차 안에서 10분 내내 긁었다.

"아빠 간지러워. 얼마나 간지러운 줄 알아?
나중에는 하도 긁어서 피도 난단 말이야."

아이는 그냥 천연덕스럽게 말한다. 장난 섞인 말투였지만 아이의 가려움이 나에게 고스란히 전해지는 것만 같았다.

중국 속담에 이런 말이 있다.

'보석은 마찰 없이는 닦여지지 않으며,
인간은 시련 없이는 완벽해지지 않는다.'

신은 아이를 도대체 얼마나 크게 만들려고 이런 시련을 주셨을까? 어서 빨리 이 지긋지긋한 알레르기 고통에서 벗어나 이 큰 도시락 가방을 바닥에 던져 버리길 소망하고 또 소망했다.

Part 2

알레르기가 있는 일상

1.
학교 갈 때 챙겨야 할 목록들

학교라는 이름의 또 다른 전쟁터

아이가 태어난 후로 세상은 내가 사는 곳에서 아이가 살아가야 하는 곳으로 모든 것이 달라 보이기 시작했다. 아이가 성장해 간다는 것은 자연스럽고 기쁜 일이지만 한편으로는 학교라는 사회에서 무한 경쟁이 시작되었다는 안쓰러움도 들었다. 내 눈에는 여전히 품에 안고 싶은 '베이비'지만, 인간은 언젠가는 가족이라는 테두리를 깨고 나가야 한다. 그런 의미에서 아이의 초등학교 입학은 축하할 일인 것은 분명하다.

어느날 집으로 등기 한 통이 도착했다. 아이의 취학통지서와 함께 예비 소집일을 알리는 안내서였다. 등기를 받고 나니 아이의 입학이 더 실감나기 시작했다. 입학하기 전 학교 갈 때 메고 다닐 가방만 있으면 된다고 생각했던 나의 어린 시절과 다르게 요즘은 준비해야 할 것들도 참 많았다. 그중에서도 우리의 첫 번째 관심사는 신청했던 돌봄교실 당첨 여부였다.

맞벌이 부부에게는 웬만하면 돌봄교실 신청을 받아준다고 하지만 아이가 다닐 학교는 신도시 초대형 학교에다 젊은 맞벌이 부부들이 많이 사는 곳이라 변수가 있어 보였다. 돌봄교실 당첨 여부에 따라 나머지 방과후수업이나 학원 일정까지 동선을 짜야 했기 때문에 마지막까지 마음을 놓을 수 없었다. 아빠 엄마가 퇴근할 때까지 아이를 안심하고 맡길 수 있는 곳이 필요했기 때문이다. 예비 소집일은 학생 기초생활조사서 등 학생의 기본 정보를 제출하고, 입학하기 전 학교와 접촉할 수 있는 유일한 날이었다. 그래서 하나라도 놓치지 않으려고 꼼꼼하게 점검했다. 사실 예비 소집의 가장 큰 목적은 의무교육 대상 학생의 안전 여부를 확인하는 것이었지만, 이날은 돌봄교실 당첨 여부가 결정되고 담임교사가 배정되는 중요한 날이기도 했다.

급식을 먹기 위해 앞만 보고 달려왔다.

사실 적극적인 면역치료를 시작한 이후 이날을 위해 앞만 보고 달려왔었다. 초등학교 입학 전까지 알레르기 3종 세트인 달걀, 우유, 밀가루만이라도 통과하자는 게 최종 목표였지만 아직 달걀 완숙과 밀가루만 겨우 통과한 상태라 여전히 해결해야 할 과제가 많이 남아 있었다. 우리가 이렇게 필사적으로 치료에 전념한 이유는 바로 도시락을 싸지 않고, 학교에서 나오는 급식을 먹기 위해서였다.

소규모 어린이집과는 다르게 아이가 다닐 학교는 학생 수만 1,600명에 교직원까지 합하면 총인원이 1,700명이나 되는 대형 학교였기 때문에 급식에 대한 배려도 어렵겠지만 따로 도시락을 싸는 것 또한 힘들어 보였다. 평생 집에서 엄마가 해준 밥만 먹고 살 것 같았던 아이가 벌써 초등학생이 되다니 입학을 앞두고 설렘 반, 걱정 반이었다. 누구 하나 집에서 귀하지 않은 아이가 있겠냐만 아이의 경우는 학교의 도움과 배려 없이는 밥을 먹을 수도 없었고, 자칫 실수로 알레르기 항원에 노출이라도 된다면 위험한 일이 발생할 수 있는 상황이라 더욱 그랬다.

아내도 학교에서 아이들을 가르치는 교사라서 학기 초에 모든 선생님이 새 학기 준비로 매우 바쁘다는 사실을 너무 잘 알고 있었다. 그래서 담임교사와의 전화 통화를 몇 번이나 망설였지만 아이의 알레르기 정보에 대한 세부적인 내용까지 전달하기 위해서는 개학 전에 꼭 따로 통화가 필요하다고 생각했다. 얼마 후 입학을 며칠 앞두고 담임교사가 배정되었다는 안내를 받고, 어렵게 통화를 시도했지만,

전화기 속에서 들려오는 담임교사의 목소리와 말투는 길게 통화하고 싶지 않은 느낌이었다. 아내는 입학식 당일 따로 찾아뵙겠다는 말을 남기고 급하게 전화를 끊었다. 하지만 통화 후에도 도무지 마음이 놓이질 않았다. 학교에선 부모만큼은 아닐지라도 심각성에 대한 인식조차 못 하는 건 아닐까 아니면 '학교'라는 새로운 전쟁터가 생겨난 걸까 하는 생각마저 들었다.

입학식 날 아내는 누구보다 바빴다.
아직 우리나라에선 아이를 챙기는 것은 오로지 부모의 몫으로만 여겨졌다. 아이의 알레르기 정보를 알기 쉽게 정리한 표를 여러 장 만들어 챙겨 들고 제일 먼저 급식실로 갔다.

첫 번째로 급식실로 가서 영양교사를 만났다. 우선 3월 한 달 동안의 학교 급식 식단표를 확인하고. 멸치육수가 들어가는 국은 어차피 못 먹겠지만 반찬에 따로 멸치육수가 들어갈 만한 음식이 있는지 확인하고, 대체 반찬을 싸가야 하는 날을 따로 표시했다. 최대한 먹을 수 있는 음

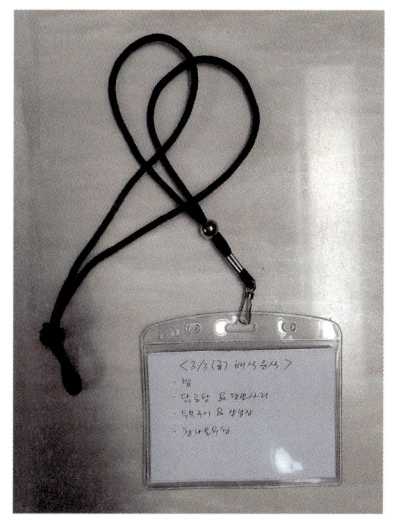

1.
학교 갈 때 챙겨야 할 목록들

식은 먹이되, 못 먹는 음식은 대체 음식으로 도시락을 싸야 했기 때문이다. 그리고 배식하는 사람들이 알아보기 쉽도록 먹을 수 있는 음식 리스트만 따로 명찰을 만들어서 아이의 목에 걸고 다니기로 했다. 그뿐만 아니라 접촉만으로 반응을 보이는 음식이 나오는 날이나 조리 기구 공동 사용 여부 등 작은 노출 가능성까지도 미리 알려두었다. 영양교사는 고맙게도 자기 일처럼 굉장히 꼼꼼하게 체크해 주었고, 같은 교사인 아내를 배려해 교육청 내부 메신저로 필요할 때마다 식단에 대해 미리 상의도 하기로 했다.

두 번째로 방문한 곳은 보건실이었다. 보건교사에게 아이의 상황을 자세히 설명하고, 혹시나 있을지 모르는 응급상황에 대비해야 했다. 비상시 사용할 상비약이나 응급주사(젝스트)는 아이 편으로 따로 보내서 학교에 비치하고, 유통기간 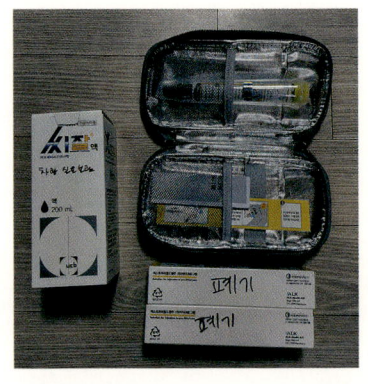 이 지나지 않게 관리했다. 혹시나 주사를 맞을 상황이 되지 않는 경우를 대비해서 학교에서 가장 가까운 응급실의 동선까지 미리 알려두었다. 급식실과 보건실에 다녀온 후 선생님들이 모두 너무 좋은 분들이라 한결 마음이 놓인다는 아내의 말에 나도 덩달아 마음이 가벼워졌다.

세 번째로 방문한 곳은 돌봄교실이었다. 아이가 방과 후에 머물게 될 돌봄교실에서도 아이들에게 간식이 제공되기 때문에 급식과 마찬가지로 간식의 종류와 알레르기 성분을 확인해서 먹을 수 있는 것과 없는 것을 구분해야 했다. 여기서부터 문제가 생기기 시작했다. 급식과 달리 돌봄 간식은 제공업체가 달라서 미리 성분을 확인해 줄 수 없다는 것이다.

알레르기가 흔한 미국이나 유럽에 비해 아직 사회적 인식이나 배려가 부족한 우리나라에서는 아이를 일일이 챙기고 살피는 것은 오로지 부모의 몫이었다.

2.
알레르기 교육? 현장에선 달나라 이야기

가장 걱정했던 담임교사와의 만남은, 글쎄?

매년 어린이집을 옮겨 다니면서 담임교사와의 소통이 얼마나 중요한지 잘 알고 있었다. 그래서 우리는 만나기 며칠 전부터 우리만의 상상의 나래를 펼쳤다. 아이의 담임 선생님은 가능하면 알레르기가 있는 학생을 지도해 본 경험이 많은 선생님이었으면, 아직 어린아이가 집에서 싸간 도시락을 먹을 수 있도록 적응할 때까지 도와줄 수 있는 따뜻한 선생님이기를, 알레르기 노출로 위험한 일이 발생하지 않도록 챙겨줄 세심한 선생님이기를 바라고 또 바랐다.

그래도 신규 선생님은 불안하니 적당히 경력이 있는 선생님이었으면, 남자보다는 상대적으로 꼼꼼한 여자 선생님이었으면 좋겠다고 생각했다. 교육 환경이 예전보다 많이 좋아졌다고는 하지만 한 번 담임이 배정되면 다시 되돌릴 수 없고, 아이처럼 도움과 배려가 절실한 입장에서는 부족하거나 맘에 들지 않는 부분이 있더라도 그냥 넘어가는 경우가 많아 여전히 학교의 담벼락은 높기만 했다. 현관 입구에서는 신입생들을 맞이할 담임교사들이 테이블 위에 자기 반 아이들 명찰을 준비하고 부모들에게 일일이 나눠주고 있었다. 아직 어린아이들을 맡겨 놓고 불안해할 부모들에게 학교에서 준비한 자연스러운 첫 상견례 자리였다.

상상의 나래만 펼치던 우리 아이의 첫 번째 담임 선생님은 검은색 단발머리에 노란 색깔이 조금 들어간 안경을 쓰고 있는 나이가 지긋해 보이는 여자 선생님이었다. 사실 나는 오랜 경찰 생활로 십수 년간 수많은 사람을 상대한 경험이 있어서 지금 당장 길바닥에 돗자리를 깔아도 될 만큼 사람을 잘 봤다. 그러나 오늘만큼은 나의 눈이 잘못되었기를 바랐다. 아이 담임 선생님은 할머니 선생님이었다. 그래도 수십 년간 초등학교 선생님으로 재직하면서 산전수전을 다 겪은 사람이라서 젊은 사람처럼 꼼꼼하고 세심함은 떨어지겠지만 할머니처럼 따뜻하게 아이들을 품어 줄 거라고 믿고 싶었다.

입학식 행사가 모두 끝난 후, 아내는 담임교사를 따로 찾아갔다.

아이의 알레르기 정보에 대한 좀 더 세부적인 내용에 대해 알리고 도움을 받고 싶어서였다. 그런데 담임교사와 상담을 끝내고 돌아오는 아내의 표정이 왠지 더 어두워졌다. 무슨 일일까? 아내와 아이의 첫 담임교사와의 대화는 이랬다.

아내   안녕하세요. 일전에 전화했던 OO이 엄마예요.
선생님   사전에 전화 통화까지 했는데 또 무슨 할 말이 남았나요?
아내   아이 식품 알레르기 때문에 드릴 말씀이 있어서 왔어요.
          (직접 들고 온 아이의 알레르기 정리표를 보여 준다)
선생님   힘든 아이네요.
아내   영양 선생님과 식단 상의는 미리 다 했고, 아이 목에 먹을 수 있는 음식 리스트를 따로 적어서 걸고 다니기로 했으니 배식 전에 아이가 명찰을 꺼내서 보여 줄 수 있도록 확인만 해주시고, 혹시 도시락을 싸가는 날은 집에서 연습시키겠지만 아직 어린아이라 뚜껑 여는 정도만 좀 챙겨봐 주시어요.

아내는 담임교사의 수고를 덜기 위해 사전에 영양교사와 보건교사를 따로 만나고 와서 담임이 할 수 있는 최소한의 부탁만을 한 것이었지만, 담임교사의 표정은 아이에 대한 안쓰러움보다는 불편함이 더 크게 느껴졌다. 아내의 말을 듣고 나니 무엇보다도 알레르기 때문에

< 식품알러지 정리표 >

6개월때 쌀알러지부터 시작하여 여러 가지 복합중증식품알러지로 치료중입니다.
어릴때는 육류, 채소, 과일 정도만 먹을수 있었고, 된장, 깨 조차 먹을수 없었습니다.
커가면서 치료하면서 없어진 알러지가 쌀, 깨, 대두, 밀가루, 완숙 계란 정도입니다.
현재 우유 면역치료 중이고, 2학기때는 우유도 먹을수 있을거라 예상하고 치료중입니다.
학교 보건실에 응급시 사용할 주사 '젝스트' 보관합니다.
응급시 연락처 : (모) 010-0000-0000, (부) 010-0000-0000

의사 처방	식품		최근 결과	실제 반응
차단		우유	Class 3	* 현재 면역치료중 * 겉에서 볼 때 우유가 들어갔는지 모를 정도의 가공식품은 가능 (모닝빵 등) * (생)크림, 치즈, 요플레 등 유제품, 카레, 스프 등 차단!!
		메밀	Class 1	메밀은 급성반응 심한 식품으로 먹어본적 없음(유발검사 예정)
	생선	흰살생선	Class 5	* 15개월 흰살생선 : 기침반응 있음 - 넘어가면서 기침하고 긁기 시작, 김만 쏘여도 받진 올라옴 * 7세 멸치 : 22.8.18. 멸치육수 유발검사 실패
		고등어	Class 3	- 섭취시 혀 따갑고, 목간지럽고, 아프고, 피부 발진 및 두드러기 유발 * 23.1월 : 어묵먹고 아나필락시스(극심한 복통)로 응급주사. ⇨ 어묵, 맛살, 어묵 함유된 햄, 참치, 멸치육수 등 생선일체 차단!!
		멸치	Class 4	⇨ 멸치액젓은 가능 ⇨ 소스 종류에 가다랑어 함유는 괜찮았음.(돈가스 소스, 굴소스 등)
일부 차단	계란	흰자	Class 3	* 6세 면역치료 후 유지기(완숙만 가능, 반숙 아나필락시스-극심한 복통) - 완숙계란만 가능 - 반숙 차단!!(마요네즈, 난류 포함된 흰색 소스류 X) - 날계란 접촉 조심!(발진, 가려움)
		노른자	Class 3	
	견과류	헤이즐넛, 아몬드, 땅콩,잣	Class 0~1	* 잣, 땅콩, 아몬드 : 소량 먹어봄, 이상없음 * 호두 : 알러지 수치 상승중, 차단!!
		호두	Class 3	
	갑각	게	Class 3	* 3세 : 먹어본적 없음, 접촉시에도 발진, 가려움 * 23.3월 : 차단중(혈액검사후 유발검사 예정)
		새우	Class 3	* 먹어도 됨(23.1월 새우 유발검사 통과)
통과		밀가루	Class 3	* 먹어도 됨(7세 면역치료 후 유지기)
		콩(대두)	Class 2	* 먹어도 됨(5세 통과)
		오징어	Class 2	* 오징어, 문어, 낙지 등 연체류 먹어도 됨(유발검사 통과)
		대합	Class 3	* 대합, 전복, 홍합 등 조개류 먹어도 됨 (유발검사 통과)

걱정하는 부모에 대한 이해와 공감이 매우 부족해 보였다. 담임교사를 만난 후 아내의 불안감은 더 커졌고, 나도 불안하긴 마찬가지였지만 처음이라서 서로 맞춰가는 과정이니 좀 더 지켜보자며 애써 아내를 달랬다. 생각건대 처음이라 말만 그렇게 퉁명스럽게 할 뿐이지 사실 알고 보면 따듯하고 포근한 사람이기를, 아이를 학교에 보내놓고 맘 편하게 직장생활을 할 수 있도록 부모처럼 잘 돌봐주기를 간절히 바랄 수밖에 다른 방법이 없었다.

알레르기에 대한 이해와 공감을 높이는 교육이 필요

음식에 대한 알레르기도 세계적으로 느는 추세다. 〈뉴스위크〉에 따르면 미국에서는 약 1,100만 명이 식품 알레르기로 고생하고 있고, 이 중 600만 명은 조개와 갑각류를 먹지 못하며, 180만 명은 땅콩을, 90만 명은 유제품을, 60만 명은 달걀에 알레르기 반응을 보인다고 한다. 교육기관에서 아이에게는 자신의 건강을 위해 음식을 제한해야 한다는 것과 이를 이해시키는 교육이, 교사들에게는 알레르기의 학생과 가족에 대한 이해와 공감을 높이는 교육이 필요한 이유가 바로 여기에 있다.

언론에 따르면 우리나라에서도 2018년 학교보건법이 개정되어 학교의 보건교사가 아나필락시스 쇼크가 생긴 학생에게 응급 자가 주사약을 처치할 수 있게 되었고, 각 시도 교육청에서의 알레르기에 대한 교육도 다양하게 진행되고 있다고 한다. 교사, 급식 조리 종사자뿐 아니라 알레르기가 없는 어린이들에게까지도 교육이 이루어진다고 한다. 하지만 이런 이야기들은 아직 현장에서는 달나라 이야기에 불과하다. 알레르기 자체도 걱정이지만 음식을 제한하는 것이 혹시나 또래 아이들 사이에서 따돌림의 대상이 되지는 않을까 하는 마음에 아이를 학교에 보내놓고 노심초사해야만 한다.

2024년 3월 4일자 경향신문에 따르면 지난 2023년 우리나라 합계출산율은 0.72명으로 집계 이래 최저치를 기록했다고 한다. 초등학교 157곳이 24학년도 신입생을 받지 못했다고도 했다. 아이를 낳고 키워보니 사람들이 왜 아이를 낳지 않으려는지 알 것 같았다. 교육비와 주거비 등 경제적인 부담이나 일과 양육을 병행할 수 있는 환경도 중요하겠지만 무엇보다 가장 중요한 건 아이를 믿고 맡길 곳이 없어 불안하다는 것이 가장 큰 문제다.

3.
학교 운영위원이 될 결심

내가 먼저 학교에 도움이 될 만한 일들을 찾았다.

입학식날 담임교사를 만나고 집으로 돌아온 후에도 좀처럼 불안감이 사라지지 않았다. 아직 어린아이라 이제 막 시작한 학교생활에 적응이 될 때까지 만이라도 좀 더 가까이에서 지켜보며 챙겨주어야 마음이 놓일 것만 같았다. 아이에게 학교의 배려와 도움이 필요한 만큼 내가 먼저 학교를 위해 도움이 될 만한 일들을 찾아봐야겠다고 생각했다.

학교 일에 학부모가 참여할 방법은 크게 두 가지가 있다. 그중 하나는 학교운영위원회이고, 또 하나는 학부모회다. 학부모회는 엄마들

위주로 구성되어 있고, 학교행사에 자주 동원되다 보니 직장생활과 병행하려면 다소 부담스러울 수 있었다. 그래서 상대적으로 특별한 경우를 제외하면 한 해 동안 평균 5~6회 정도의 정기회의만 참석하면 되는 학교운영위원회를 신청했다. 운영위원회는 학교의 연간 계획에 따른 예산과 결산의 심의와 의결을 맡았기 때문에 자연스럽게 학교 일에도 관심을 가질 수 있었고, 각종 소위원회에도 참가할 수 있어 한 번이라도 더 아이를 챙겨 볼 수 있었다. 무엇보다도 급식위원회 활동을 하게 되면 제일 걱정거리였던 아이의 급식 상황을 눈으로 직접 확인할 수 있는 행운까지 얻게 되는 것이다.

신청서를 제출하기 위해 학교 행정실을 찾았다. 운영위원장 경험이 있는 사람에게 들어보니 학교에서는 결원이 발생하면 그 인원만큼 보충해야 하는데, 대부분 학교에서는 학부모들이 운영위원을 꺼리기 때문에 투표까지 가는 일은 없겠지만, 혹시라도 지원자가 많으면 선거를 치러야 하는 번거로움이 있어 일찍 내정하는 경향이 있다고 했다. 그래서 나는 당선 확률을 조금이라도 높이기 위해 전략적으로 제일 먼저 신청서를 제출했다.

높아만 보였던 학교 담장을 넘어야 했다.

그러나 아이의 학교는 학생 수만큼이나 학부모들의 관심 또한 많았다. 모두 6명의 위원을 선발하는데 12명의 지원자가 몰렸다. 행정

편의상 사퇴 의사를 묻는 행정실장의 전화도 받았다. 학교의 입장도 이해는 했지만, 나는 사퇴할 의사가 전혀 없었다. 그리고 선거에서 사용할 연설문을 준비했다.

"안녕하세요. 저는 본교 1학년 입학 예정인 학생의 학부모입니다. 올해로 26년째 경찰관으로 근무하고 있고, 특히 학교전담 경찰관으로 8년간 일하면서, 힘들고 어려워하는 아이들을 돕기 위한 청소년 봉사단체를 창단한 경험이 있으며, 이런 경험을 《그래도 괜찮아 그땐 나도 그랬어》라는 책으로 출간하기도 했습니다. 아이들의 바른 성장을 돕고 학교 운영에도 도움이 되고자 본교 운영위원을 신청합니다."

나는 곧장 선거운동에 들어갔다. 아이 등굣길에서 매일 만나는 학부모와 같은 직장 동료이자 학부모 몇 명을 섭외했더니 최소한 10표 이상은 받을 수 있을 것 같았다. 그렇게 머릿속으로 선거전략을 짜고 있는데 얼마 지나지 않아 행정실장에게 다시 전화가 왔다.

"아버님 몇 분이 사퇴하셔서 무투표로 당선 되셨어요."

나는 그렇게 학교 운영위원이 되었고, 학기 초에 첫 번째 운영위원 정기회의에 참석했다. 집을 나서기 전 옷장 속에서 최대한 단정하고 깔끔하면서도 초라하지 않은 옷으로 챙겨 입고, 거울을 보며 눈곱은 없는지, 이빨에 고춧가루는 안 끼었는지도 꼼꼼하게 확인했다. 마지막으로 눈에 잘 띄는 흰 머리카락 몇 개도 뽑았다. 회의에서 나는 급식소위원회 위원장과 학교 폭력 전담 기구의 위원직도 맡았다. 그렇게 높아만 보였던 학교 담장을 넘기 위해, 사냥을 나갔다가 동굴에 갇힌 아프리카 원주민처럼 햇불을 들고 출구를 찾아 나섰다.

4.
첫 번째 급식은 순조로웠을까?

알레르기에 한 번, 담임교사의 무관심에 두 번 고개를 떨구었다.

오늘은 아이가 입학하고 첫 번째 급식을 먹는 날이다. 아내는 아침부터 식단표를 보고 아이에게 국과 떡볶이에는 못 먹는 멸치육수가 들어가니 먹지 말고, 두부조림은 먹어도 된다며 설명하고 목에 음식 리스트 명찰을 걸어주었다. 과연 아이의 급식은 어땠을까? 아내는 걱정스러워 퇴근하자마자 아이에게 물었다.

아내   아들, 배식받을 때 명찰 보여줬어?
아들   아니, 내가 배식받아서 먹었어.

아내 담임 선생님이 명찰 꺼내는 거 안 도와주셨어?
아들 그런 거 안 했는데, 명찰은 내가 깜박하고 못 꺼냈어. 배식은 모두 받아서 내가 먹을 수 있는 두부조림만 먹었어. 너무 맛있어서 두 번이나 받아먹었어.

아이의 첫 번째 급식은 그 누구의 도움도 없이 혼자서 해결했다. 그러나 그저 도시락 없이 다른 아이들과 함께 같은 급식을 먹는 그것만으로 행복해 보였다. 다행히 그날은 아무 일도 없이 무사히 넘어갔다.

아이가 등교한 지 일주일쯤 지났을 때였다. 아내에게 한 통의 전화가 걸려 왔다. 아내는 아이의 학교 급식과 돌봄교실의 간식 문제로 학교와 소통을 해오다가 속상한 일이 있었는지, 상황을 설명하며 눈물을 흘렸다. 그동안 학교와의 소통은 주로 아내가 담당해 왔기 때문에 자세한 내용은 알 수 없었지만, 입학한 이후로 계속 마찰이 있었던 것 같았다. 아내와 통화가 끝난 후 나는 아이를 직접 챙겨 봐야겠다는 생각에 무작정 학교 안으로 들어갔다. 오늘은 급식에 아이가 먹을 게 너무 없어서 도시락을 싸갔다. 아이의 교실은 수업을 마치고 텅 비어 있었고, 교실 뒤편 사물함 위에 아이가 두고 간 도시락 가방만 덩그러니 놓여 있었다. 그런데 가방을 열어보니 아침에 아내가 없는 시간을 쪼개서 정성껏 챙겨준 음식들은 뚜껑도 열지 않은 채 그대로 담겨 있었다. 그리고 이런 상황은 오늘이 처음은 아닌 듯싶었다.

막으려고 노력했지만, 우려했던 일은 결국 현실이 되었다.

예비 소집일에 학생 기초생활조사서 등 알레르기 정보를 작성해서 제출했고, 입학 전에 담임교사 배정 안내를 받고 사전에 전화 통화도 했다. 그리고 입학식 당일은 담임교사 면담뿐 아니라 급식실과 보건실, 돌봄교실까지 방문해서 담당 교사들을 직접 만나 상황을 설명하고 도움을 요청했다.

입학 전부터 담임교사를 번거롭게 하고 싶지 않아서 도시락을 안 싸고 싶었지만, 먹을 수 있는 음식이 너무 없는 날은 할 수 없이 도시락을 싸야만 했다. 그리고 도시락을 싸는 날이면 등교 전 담임교사에게 미리 하이톡(담임교사와 소통하는 앱)으로 문자까지 보냈다. 문자를 보내는 것이 담임에게 부담이 되거나, 너무 별난 부모처럼 보일까 봐 보낼 때마다 몇 번이고 망설였다.

부모는 이런 상황들을 충분히 예상했기 때문에 입학 전부터 아이에게 도시락 뚜껑을 여는 연습을 시켜 왔지만, 아직 어린아이는 서툴기만 했다. 그래서 적응이 될 때까지 만이라도 챙겨봐 달라고 전화하고, 찾아가고, 문자까지 보냈다.

성난 마음을 다잡고, 아이가 있는 돌봄교실로 갔다. 창문으로 교실 안을 들여다보니 또래 아이들 여러 명이 테이블 주변에 둘러앉아 간식으로 나온 치즈 팝콘과 컵 케익을 먹고 있었다. 그런데 아이만 보이지 않았다. 천천히 둘러보니 교실 한편 구석에서 혼자 엎드려 책을 읽고 있었다. 돌봄교실에선 외부 음식 반입이 금지되니 우리 아이만 간식을 먹을 수 없었는데 마침 그 모습을 눈으로 직접 확인하니 너무 마음이 아팠다.

아이는 지금까지 학교 급식시간에 뭘 먹었을까? 돌봄교실 간식시간에는 매번 저렇게 다른 아이들이 먹는 걸 구경만 했던 걸까? 갑자기 온몸에 힘이 풀리고, 손발이 떨리기 시작했다. 미리 막아 보려고 애를 썼지만 방법이 없었다. 그러면서 불현듯 입학식 날 오리엔테이션 때 학교에서 했던 말이 생각난다.

"어머님, 아버님들 아이가 학교에 간다고 걱정들 많이 되시죠? 부모님들이 걱정 없이 직장생활 하시도록 저희가 가정에서처럼 잘 돌보겠습니다."

아이의 상황을 눈으로 직접 확인한 나는 다음날 바로 학교 교장실을 찾았다. 지금까지의 상황을 모두 설명하자 학교에서는 담당자들을 불러 긴급 대책 회의를 열었다. 그리고 담임교사는 아이의 도시락을 챙기지 않았고 아이도 아직 어려 스스로 도시락을 챙길 수 없으니, 도시락을 싸지 않고 급식을 먹을 수 있도록 배려해 주기로 했다(*국은 멸치육수 없이 따로 끓이고, 먹을 반찬이 하나도 없는 날은 대체 반찬 한 가지 정도를 만들어 주기로 했다). 또 돌봄교실에서의 간식은 원칙상 외부 음식 반입이 금지되어 있지만 아이에게는 특별히 집에서 준비해 간 간식을 따로 먹을 수 있도록 배려해 주었다.

5.
이게 진짜 도시락이야

초등학교에서 첫 번째로 소풍을 간다.

학교 소식을 알리는 알림이 사이트에 현장 체험학습 일정과 준비물을 알리는 안내문이 올라왔다. 편안한 복장에 운동화 그리고 돗자리와 도시락을 챙겨오란다. 현장 체험학습이라고 이름만 바뀌었지, 날씨가 좋은 봄, 가을로 한 해에 두 번씩 도시락을 싸서 교외로 나가 여러 가지 경험을 쌓는 것이 예전의 소풍과 똑같다. 아이를 키우다 보면 누구나 한 번쯤 어린 시절로 돌아가는 즐거운 경험을 하게 된다. 아이의 첫 번째 학교 소풍을 준비하면서 나의 어린 시절이 문득 떠올랐다.

소풍 가기 전날이면 어머니는 김밥을 싸기 위해 시장으로 장을 보러 가셨고, 나는 신이 나서 어머니를 따라나섰다. 시장 안에 있는 동네에서 가장 큰 슈퍼마켓에는 벌써부터 소풍 가서 먹을 간식거리를 사러 온 아이들로 북적거렸고, 마주친 아이들은 서로 뭘 샀는지 비교도 하며 함박웃음을 지었다. 집으로 돌아와 사 온 간식으로 가방까지 싸고 나면 마음은 이미 소풍을 떠난 건지 살짝 눈을 감아 보지만 좀처럼 잠이 오지 않았던 기억이 난다.

대부분 가정이 그랬겠지만, 지금처럼 여행이 활성화되지 않았던 시절, 방학이면 멀리 홀로 계신 외할머니댁에 방문하거나, 일 년에 한두 번씩 학교에서 떠나는 소풍이 우리가 알고 있는 여행의 전부였다. 그런 여행에 대한 갈증으로 '소풍'이란 단어는 늘 나를 설레게 했는지도 모르겠다. 이제는 우리 아이가 설레는 마음으로 소풍을 가게 된다. 하지만 요즘 아이들은 어린이집에서부터 숲이나 공원으로 바깥놀이를 가거나, 현장학습 같은 야외 활동이 많아져서인지 예전만큼 크게 동요하지 않는 분위기지만 학교에서 가는 첫 번째 소풍이라 그런지 조금은 들떠 있었다.

아이에게 그동안 도시락이란?

그동안 우리 아이에게 도시락이란 어린이집이나 학교에서 못 먹는 음식을 대체하기 위해 싸가지고 다녔던 가방이나 집 밖으로 나가면 먹고 살기 위해 매일 들고 다녔던 음식이 들어있는 가방, 혹은 알레르기로 인한 응급상황에서 나를 지켜 줄 약이나 주사가 들어 있는 커다란 통에 불과했다. 요즘은 워킹맘들이 많아져서 소풍 도시락을 주문해서 보내기도 하지만 아내는 지금까지의 도시락과는 다르게 소풍이라는 특별하고 설레는 마음을 도시락에 담아 전하고 싶어 했다. 며칠 전부터 김밥을 쌀지, 유부초밥을 쌀지, 또 과일은 어떤 걸 준비할지 신경을 많이 썼다. 퇴근 후, 아이를 데리고 동네에서 가장 큰 마트로 가서 도시락으로 준비할 재료와 아이가 좋아하는 간식으로 장을 봤다.

소풍 가는 당일 아침, 일찍부터 부산하게 움직이는 소리가 부엌에서 들리기 시작했다. 음식 솜씨는 영 없는 아내지만(다른 장점이 훨씬 많은 아내) 새벽부터 일어나 도시락에 과자와 젤리를 색색이 종류별로 골라 이쁘게 담고, 스마일 감자를 튀겼다. 문어 다리 소시지에는 검은깨로 눈을 만들고, 치즈로 입까지 붙여놓았다. 드디어 아이의 첫 번째 특별한 소풍 도시락이 완성되었다. 맛과 영양에 엄마의 정성까지 듬뿍 담긴 이쁜 도시락이었다.

"아들아, 도시락이란 평소와 다르게 집 밖으로 소풍이나 나들이 가서 맛있게 먹는 설레는 음식이란다. 이게 바로 진짜 도시락이야."

6.
급식 모니터링 참관

오늘은 학부모 급식 모니터링이 있는 날이다.

　이제 막 시작한 아이의 학교생활은 모든 것이 궁금했다. 알레르기 때문에 급식을 제대로 먹고 있는지가 제일 궁금하긴 했지만, 전반적인 학교생활도 궁금했다. 그때까지 아이의 교실은 돌봄교실 겸용으로 사용되고 있었기 때문에 학교 공개의 날에도 교실 방문을 못 해본 상태였다. 그래서 오늘만을 기다렸다. 오늘은 학부모 급식 모니터링이 있는 날이라 공식적인 학교 방문이 가능했던 것이다.

　급식 시간에 아이에게 배식은 어떻게 하고 있는지, 싫어하는 반찬을 골라내며 편식을 하진 않는지, 교실에서 수업 태도와 교우 관계는 어떤지, 점심시간이나 쉬는 시간에는 무엇을 하며 보내는지, 급식 상황뿐 아니라 기본적인 학교생활을 엿보며 궁금증을 해소할 수 있는 좋은 기회였다. 아이의 학교는 학생 수가 많아서 급식은 3타임으로 나누어 진행되었다. 아이가 포함된 저학년생들은 첫 타임으로 조금 이른 11시 20분부터 급식이 시작된다.

11쯤 학교에 도착하니 벌써 영양교사와 조리사가 급식 준비를 하고 있었고, 오늘 급식 모니터링에 참여할 학부모로 보이는 어머님 몇 분도 먼저 와서 기다리고 있었다. 오늘도 아빠는 역시 나 혼자였다. 자연스럽게 학생들의 시선은 나에게 집중됐다. 급식 모니터단의 역할은 식재료 검수를 통해 식품의 원산지, 신선도, 수량, 유통기한. 제조 일자 등을 확인하고, 조리 과정의 위생 상태나 식재료의 보관관리가 잘 이루어지고 있는지를 확인하는 일이었지만 고생하는 분들을 위해서 팔을 걷어붙이고 무엇이라도 하고 싶었다. 직접 눈으로 확인하니 맛과 영양뿐 아니라 모양이나 색깔까지 아이들의 선호도를 참고해서 잘 준비하는 듯했다. 모든 초등학교에서 급식이 시행되는 1998년 이전까지 매일 아침 도시락을 싸서 다녀야 했던 나의 학창 시절과 비교하면 그저 부러울 뿐이었다.

약속된 시간이 되자 아이가 포함된 1학년들이 담임교사의 뒤를 따라 한 줄로 서서 걸어 들어오기 시작했고, 배식구에서 식판과 수저를

나눠주던 아빠와 눈이 마주쳤다.

　아이는 평소와 다르게 부끄러운 듯 알 수 없는 야릇한 표정을 지으며 내 앞을 스쳐 지나갔다. 담임교사와 맨 앞줄에 서서 당당하게 배식구로 가더니 목에 걸고 있는 명찰(그날 식단표 중 아이가 먹을 수 있는 음식과 먹을 수 없는 음식을 따로 표시해서 목에 걸고 있던 명찰)을 배식하는 조리사 분에게 잘 보이도록 꺼냈다. 그리고 먹을 수 있는 음식만 받아 들고 정해진 자리에 가서 앉더니 아빠를 의식한 듯 금세 식판을 깨끗이 비우고 급식실 밖으로 나갔다.

　일전에 아이 급식 문제로 대책 회의를 한 후 학교에서도 신경을 많이 쓰는 듯 해 보였다. 직접 눈으로 확인하니 막연한 불안감은 어느 정도 사라졌다. 무엇보다 담임교사와 영양교사 그리고 조리사 분까지 모두 아이의 음식 알레르기를 심각하게 인식하고 대처하는 것처럼 보였다.

별난 아빠의 별난 사랑

　첫 번째 급식 타임이 끝나고 휴식 시간을 이용해서 교실로 아이를 찾아 나섰다. 그동안 못 봤던 아이의 교실도 궁금했지만, 아침에 깜박하고 못 먹여서 보냈던 감기약을 먹여야 했다. 그런데 아이가 보이지 않았다. 교실과 복도, 화장실까지 살펴보았지만, 아이를 찾을 수 없었다. 혹시나 해서 급식실 바로 옆에 있는 도서관에 갔더니 의자에 앉아 책을 보고 있는 아이의 뒤통수가 보였다. 아직 어린아이들이라 점심시간에 도서관을 찾지도 않지만 찾았다 해도 장난을 치기 바쁜데 아이는 차분하게 앉아서 책을 읽고 있었다. 나는 그런 아이에게 혹시 방해라도 될까 봐 숨어서 지켜보니 책 한 권을 다 읽고 나서야 다시 교실로 돌아가 남은 점심시간을 즐겼다. 식판을 깔끔하게 비우고 도서관에서 책 한 권을 뚝딱 읽는 이쁜 아이의 모습을 보니 오길 잘했다는 생각이 들면서 하루 종일 흐뭇했다. 아이는 그렇게 아빠의 걱정과는 달리 알레르기와의 전쟁 속에서도 늘 밝고 당당하게 잘 자라고 있었다.

퇴근 후, 다 같이 저녁 식사를 위해 식탁에 앉아 낮에 학교에서 있었던 이야기를 하며 아이에게 물었다.

나 아들, 아빠가 학교 오는 거 싫어?
아들 아니.
나 그런데 왜 표정이 안 좋았어?
아들 응, 머리가 조금 아팠어.
나 아빠 앞으로 학교 가지 말까?
아들 아니, 와도 돼.

아이는 아빠가 왜 학교에 자주 나타나는지 아는 걸까? 직접 눈으로 확인하고 싶은 마음에 쉬는 날 학교 급식실에서 3시간이나 고생해 가며 자신을 지켜보는 이유를 알까? 운영위원회 회의가 있는 날이면 학교에 일찍 도착해서 수업 중인 아이를 이리저리 훔쳐보고 가는 걸 알까?

사람들이 이런 나를 보고 별난 아빠라고 욕할지도 모르겠다. 하지만 알레르기에 대해 아직 부족한 사회적 배려와 인식은 나를 항상 별난 아빠로 만들었다.

7.
알레르기 필수 아이템, 핸드폰

아이의 첫 번째 휴대전화, 적절한 시기는?

　대한민국에서 초등학생 자녀를 양육하는 맞벌이 부모라면 아이가 학교에 입학한 후, 또 다른 난관에 부딪히게 된다. 전쟁 같은 일터에서 집으로 돌아올 때까지 아이를 맡길 만한 곳을 찾아 동선을 꼼꼼히 살피는 것이다. 하교 후 돌봄교실에서 놀든지, 방과후수업을 받든지 아니면 따로 사설학원에 보내든지 선택지는 다양하다.

　우리는 아이의 생각이나 의견 따윈 무시한 채 비교적 학습 부담이 적은 저학년이라 아이가 흥미를 느낄 정도의 가벼운 영어와 기억력과 집중력을 향상시키고 좌우뇌의 균형적인 발달에 도움이 된다는 피아노, 기초 체력을 향상시킬 수 있는 축구클럽으로 동선을 짰다. 거기다 주말 아침에는 추가로 아이의 근육과 유연성을 고르게 발달시킬 수 있는 수영까지 더 했다. 아이에게 최대한 다양한 경험을 시키고 싶은 게 부모 마음이지만 우선은 욕심 대신 아이가 소화할 수 있는지를 먼저 지켜보기로 했다. 그리고 학교 수업과 마찬가지로 방과 후에도 아이가 적응할 때까지 약 2주 정도 동선을 계속 따라다녔다.

초등학생이라지만 부모가 볼 때는 아직도 여전히 어리광 부리는 응석받이로 보인다. 부모가 모두 직장을 다니는 맞벌이 가정이기에 출근할 때 아이를 학교에 보내고 나면 퇴근해서 집으로 돌아올 때까지 아이와 수시로 연락이 되거나 최소한 아이의 위치나 안전 여부 정도는 확인할 수 있어야 하겠다고 생각했다. 언론이나 주변 지인들은 휴대전화 사용 시기를 최대한 늦출수록 좋다고 하는데 과연 그럴까? 고민이 점점 깊어졌다.

스마트폰이 전 세계적으로 대중화되고 아이패드나 SIRI와 같은 것들이 나오기 시작했던 2010~2020년 중반까지 태어난 아이들, 스마트폰 사용이 익숙하고, 어려서부터 기계와의 소통이 익숙한 세대다. 라디오나 TV보다 유튜브, 틱톡, 인스타 같은 SNS나 인터넷 방송을 선호하며, 교육과정 역시 디지털 수업에 익숙하다. 영유아 시기부터 스마트폰 사용 방법을 익히며 자랐고, 어려서부터 다양한 디지털 콘

텐츠와 정보에 노출되어 왔다. 디지털 콘텐츠를 자유자재로 사용하고 창조할 수 있는 첫 번째 인류이며, 다양한 정보통신 기술을 기반으로 한 인공지능 온라인 학습 도구나 소비자 맞춤형 학습 매체 등이 대두되고 가상 세계 플랫폼의 일종인 메타버스가 활성화된 시대에, 스마트 기기들의 활용이 필수인 시대를 살아가야 하는 아이들에게 미디어와의 접촉을 늦추는 것이 좋은 일일까?

우리는 새로운 인류인 알파 세대 아이들에게 휴대기기를 제한하는 것이 정답은 아니라는 생각에 합의했다. 그리고 동네 휴대전화 가게로 달려갔다. 매장에는 키즈폰과 스마트폰, 스마트 워치 등 다양한 종류의 스마트 기기들이 있었다. 그중에서도 키즈폰은 전화와 인터넷 기능이 포함된 스마트폰과 다르게 전화 통화만 가능했다. 아이의 첫 번째 스마트 기기로 키즈폰과 스마트폰을 두고 마지막까지 고민하다가 결국 키즈폰을 선택했다. 아무래도 스마트폰은 아직 조절 능력이 부족한 어린아이에게는 시기상조라는 생각이 들었다.

SOS, 위급상황에 꼭 필요한 필수 아이템

키즈폰은 스마트폰과 비교하면 기능은 떨어지지만 부모와 아이 모두 안전에 대한 걱정을 덜어낼 수 있도록 안심케어 기능이 탑재되어 있었다. 휴대전화 측면에 있는 버튼을 길게 5초 이상 누르면 앱을 통해서 등록된 보호자에게 위치가 전송되는 SOS 기능이 있다는 것이 가장 마음에 들었다. 우리 아이처럼 알레르기로 인한 위급상황에 항상 대비해야 하는 경우라면, 언제든지 도움을 받을 수 있는 필수 아이템이었다. 게다가 요즘 아이들에게 인기 있는 포켓몬 캐릭터가 들어간 투명 케이스와 키링, 이니셜 파츠, 목에 메고 다닐 수 있는 스트랩까지 탑재되어 있었다. 아이는 생애 첫 번째 휴대전화를 받아들이고는 이렇게 물었다.

"이거 아빠·엄마 거랑 똑같은 스마트폰이야?"

신이 나서 해맑게 물어보는 아이에게 아내는 대답했다.

"응, 똑같은 거야."

그러고는 몰래 휴대전화에서 불필요한 앱들을 차단하고, 사용 시간 설정을 하느라 바빴다. 인터넷 검색창과 카카오톡은 물론, 알람과 문자도 수업에 집중하기 어렵다며 같이 차단했다. 이것저것 차단하다 보니 단순히 전화 통화만 가능한 깡통 휴대전화기가 되었다. 나는 그래도 전화가 안 될 때를 대비해서 문자 정도는 해야 하지 않겠냐고 설득했지만, 아내는 곰곰이 생각하더니 그마저도 결국 차단했다. 누가 선생님 아니랄까 봐, 이럴 때 보면 아이 교육 문제에서만큼은 무척 단호하고 엄격했다. 아이가 나중에 엄마·아빠 휴대전화와 다르다는 걸 알면 실망할 수도 있겠지만 오늘만큼은 새 휴대전화 득템만으로도 함박웃음을 짓는다.

다음 날 아침, 아이가 일어나자마자 핸드폰을 꺼내 만지작거리더니 "카톡 없어? 유튜브는?" 이라며 무척 실망한 표정을 짓는다, 나는 예상했던 모습이라 애써 외면하며 서둘러 출근했다. 퇴근할 무렵, 아이가 고사리 같은 손으로 귀를 다 덮을 만큼 커다란

휴대전화에 번호를 눌러 아빠에게 처음으로 전화했다, "여보세요?" 전화기 속에서 들려오는 아이의 목소리는 평소보다 훨씬 더 사랑스러웠다. 전화로 안부를 묻고, 통화를 하니 언제 이만큼 컸나 싶어 신기하기만 하다.

지금은 비록 착발신 번호에 아빠 엄마 번호밖에 없는 휴대전화지만 좀 있으면 알지도 못하는 이름들이 난무하겠지, 아니 비밀번호를 걸어 다시는 확인할 수 없을지도 모를 일이다. 이제 막 손에 잡은 아이의 첫 번째 휴대전화를 앞으로 평생 손에서 놓을 일이 없겠구나 라고 생각하니 조금은 안쓰러운 마음도 든다.

8.
매일 아침, 알레르기 가족의 일상

생활 습관보다 알레르기 치료와 성장이 우선이다.

출근하는 아내를 대신해 아이의 등교 준비를 하려고 억지로 몸을 일으켰다. 알레르기 발진으로 가려워서 긁거나 만성비염으로 밤잠을 설쳐 매일 아침 "더 잘 거야!"를 반복하는 아이는 부모의 품을 벗어나 학교라는 사회생활을 시작했지만, 여전히 손이 많이 가는 아이였다. 이해하기 힘들겠지만, 혹시 잠이 부족해서 성장에 안 좋은 영향을 미칠까 봐 밤잠이라도 푹 자게 해주고 싶어서 9살이 될 때까지 밤 기저귀를 떼지 못했다. 그래서 매일 아침 침대 위에 물바다가 된 이불을 빨아야 했고, 무엇보다 더 이상 아이의 몸에 맞는 기저귀를 찾을 수 없어 성인용을 채워야 하나를 두고 고민했었다. 생활 습관이 조금 늦게 잡혀 부모가 힘들더라도 우선은 알레르기 치료와 성장이 먼저라고 생각했다.

매일 아침잠이 부족해 눈도 제대로 못 뜨는 아이를 세면대까지 데리고 가서 목에 수건을 두르고 얼굴에 물을 묻혀 잠을 깨웠다. 칫솔에 치약을 묻혀 손에 쥐여주고 부엌으로 나와 아침밥을 준비하는 사이 양치를 끝내고 식탁에 앉는 아이에게 입고 갈 옷도 따로 챙겨주었다. 그러나 아이는 등교 시간이 다 되어 가는데 아직도 식탁에 앉아 밥은 먹는 둥 마는 둥 한다. 시간 없다며 재촉도 해보고, 한 숟갈 크게 떠서 입에 넣어줘도 본다. 꺼내준 옷은 손에 잡더니 입는 건지 벗는 건지 옷과 하나가 되어 함께 뒹군다. 이것이 매일 아침 반복되는 알레르기 가족의 일상이다.

초등학교에 입학한 지 6개월이 지났을 때였다. 아이는 모든 일과가 끝나면 매일 같은 시간에 학원 픽업 차를 타고 집으로 돌아오는데, 학교생활에 적응이 되었다고 생각했는지 학원 차량을 안 타고 걸어서 집으로 오겠다며 고집을 부렸다. 그때까지 아이는 단 한 번도 집 밖에서 누군가의 도움 없이 혼자 걸어본 적이 없는 아이였다.

학원에서 집으로 돌아오는 길은 그리 멀지는 않지만, 신호등이 있는 편도 2차선의 건널목을 여러 번 건너야 했다. 길을 잃을 일은 없어도 오는 길에 메뚜기라도 잡겠다며 이리저리 뛰어다니다가 신호를 못 보지는 않을까? 난폭운전을 일삼는 배달 오토바이나 전동 킥보드에 부딪히지는 않을까? 혹시 길에서 나쁜 형들이라도 만나진 않을까? 건드리면 터질 것 같은 비눗방울처럼 조심스럽기만 했다. 또 한편으로는 하굣길에 도대체 혼자 뭘 하고 싶어서 걸어 오겠다는 건지 궁금하기도 했다.

아빠, 혼자 걸어서 갈래!

아침에 아이 등교를 시키고 늦은 아침을 챙겨 먹었다. 밀린 설거지와 이부자리 정리까지 마치고 나면 겨우 커피 한 잔 마시며 한숨을 돌린다. 핸드폰으로 밤새 일어난 주요 뉴스도 검색하고, 투자한 주식의 안부도 확인한다. 오늘은 이스라엘의 하마스 공격으로 주식시장이 온통 파란불이다. 평소 읽던 책을 펼쳐 몇 자 읽다 보니 점심시간이다. 간단하게 끼니를 때우고 동네 산책 한 바퀴를 돌고 나니 어느새 아이가 집으로 돌아올 시간이 되었다. 집에서 살림하는 엄마들이 애들 학교 보내놓고 집에서 도대체 뭘 하냐고 물으면 늘 시간이 없다고 하는 말이 이해되었다.

오늘부터 혼자 걸어서 집에 오기로 한 날이다. 첫날이니만큼 몰래 숨어서 놀라게 해주려고 시간 맞춰 나가서 지나가는 길목에 숨었다. 잠시 후 정확하게 마치는 시간에 학원 건물 앞에서 아이의 모습이 보이기 시작했다. 어디서 났는지 모르는 과자 한 봉지를 들고 정신없이 먹으면서 걷고 있다. 봉지째로 입속에 탈탈 털어 넣더니 다 먹었는지 풀숲으로 가서 잠시 멈추어 선다. 곤충을 잡는 걸까? 자세히 보니 '쉬'를 한다. 학원에서 해결하고 나오지 하는 아쉬움과 함께 계속 지켜봤다.

그렇게 혼자 걸어가는 모습을 한참 동안 지켜봤다. 어리다고만 생각했던 아이가 어느새 훌쩍 자라서 엄마·아빠의 도움 없이 혼자 집까지 걸어가는 모습을 보고 있자니 만감이 교차한다. 언제까지 아이의 등하굣길을 지켜볼 수 있을까 하는 생각이 들면서 아이 뒤에서 몰래 말없이 걸어도 보고, 먼 훗날 다시 꺼내 볼 수 있도록 사진도 한 장 담아 본다. 그러다가 뒤돌아본 아이와 눈이 마주쳤다. 아이가 한참을 웃으며 묻는다.

아들   언제부터 따라왔어?
아빠   저쪽 풀숲에서부터. 오늘 혼자 걸어 보니까 어땠어?
아들   아빠랑 같이 걸을 땐 가까웠는데, 혼자 걸으니까 멀었어.
아빠   그건 아빠랑 같이 걷는 게 좋아서 그런 거야.

9.
학습으로 '핸디캡'을 극복할 수 있을까?

부모가 되고 보니 자식의 행복이 1순위가 되었다.

키가 작은 친구가 있었다. 살아오면서 그 친구에게 작은 키는 늘 하나의 콤플렉스였고, 자신을 닮은 아이가 작은 키로 인해 혹시라도 자존감이 떨어지게 될까 봐, 이 '핸디캡'을 다른 장점으로 극복할 수 있도록 공부를 잘할 수 있는 환경과 분위기를 만들어 주었다.

한 번은 그 친구의 집을 방문한 적이 있었는데 거실과 방을 가득 채운 책을 보면서 그 친구의 아이에 대한 사랑과 간절함을 엿볼 수 있었다. 우리 아이도 선택한 적이 없는 알레르기라는 커다란 '핸디캡'을 가지고 태어났다. 처음에는 아내도 나도 아무 음식이나 잘 먹으면서 건강하게만 자랐으면 좋겠다는 마음을 가져왔지만, 그 친구의 말을 듣고 보니 좀 더 당당하고 자존감 높은 아이로 자라기 위해선 핸디캡을 극복해야 한다고 생각했다.

자식을 낳고 부모가 되고 보니 자식의 행복이 인생에서 1순위가 되어 버렸다. 어떻게 하면 아이가 행복하게 살 수 있을까? 돈이 많으면 행복할까? 좋아하는 일을 하면서 살면 행복할까? 공부를 잘하면 행복할까? 돈을 많이 물려줄 수는 없을 것 같으니 제외하고, 희망하던 직업을 가지고 하고 싶은 일을 하고 살면 행복하지 않을까? 하지만 하고 싶은 일을 한다고 해도 생계를 걱정해야 한다면 과연 행복할까? 수학은 하지 않고 시만 읊기보다는 수학도 하고 시도 읊는 것이 옳지 않을까? 그렇다면 공부를 잘하는 것만이 답인가? 아내도 처음에는 공부를 너무 일찍 시작하면 정작 몰입해야 할 시기에 동력이 떨어져서 오히려 흥미를 잃을 수도 있다며 반대해 왔다. 아내의 생각은 너무 단단해서 뚫고 들어갈 빈틈이 없어 보였다.

주변 아이들과 자꾸 비교되는 육아

5살 무렵이었다. 집에서 열심히 뛰어놀기만 하는 아이와 달리 동갑내기 지민이는 벌써 본격적인 학습을 시작했다. 둘은 만나면 자연스럽게 비교의 대상이 되었다. 바위와 같이 흔들림 없는 아내와 달리 육아를 배워 본 적 없는 초보 아빠는 그럴 때마다 자꾸 흔들렸다. 아이가 자라면서 주위에 자녀 교육 이야기만 들리면 갑자기 귀가 커지면서 움직이기 시작했다. 이런저런 이야기를 주워들으니 커진 귀는 자꾸 팔랑거린다. 사교육이 판을 치는 세상에 자기 생각만 고집하기도 어려웠지만, 무작정 사람들을 쫓아가기도 힘들었다. 과연 무엇이 정답일까?

아이의 입학을 앞두고 그동안 절대로 흔들릴 것 같지 않던 아내도 조금씩 흔들리기 시작했다. 자식을 생각하는 부모의 마음은 단단한 바위도 마구 흔들었다. 늦게 결혼해서 비교 대상이 없었던 나와는 다르게 아내의 주변에는 비슷한 시기에 결혼해서 같은 또래 자녀를 양육하는 친구가 여러 명 있었다. 그 친구들을 만나고 온 아내가 오랫동안 참은 듯 힘들게 말을 건넸다.

"여보, 우리도 학원 보낼까?
책은 어떤 걸 더 주문할까?
학습을 지금 시작하면 너무 늦지 않았을까?"

알고 보니 아내는 모임에서 자녀 교육에 관련된 주제로 이야기했는데, 자신은 하루 학습량과 계획, 그리고 영어와 독서 습관에 대한 이런저런 이야기에 대해서 할 이야기가 하나도 없었단다. 고민하는 아내를 데리고 예전부터 알고 지내던 어머님 한 분을 찾아갔다.

어머님은 '울산의 강남'이라고 불리는 옥동에서 오래 전부터 공부방을 운영해 오고 있었다. 함께 손잡고 청소년을 선도하면서 알게 된 어머님은 어려운 아이들을 위해 학습 도우미를 자청할 정도로 아이들 교육에 남다른 열정을 가지고 있었다. 아이 키우면서 어려운 점이 있거든 언제든지 연락하라는 말이 떠올라 전화기를 들었다.

학습, 너무 늦은 건 아닐까?

약속을 잡고 방문한 곳은 어머님이 운영하는 공부방 겸 집이었다. 현관문을 열고 거실로 들어서자, 눈이 휘둥그래졌다. 넓지 않은 집 거실은 탁자로 가득했고, 네모난 거실벽은 모두 책장이었다. 천장은 따로 조명을 여러 개 설치해서 탁자를 환하게 비추고 있어 마치 북카페에 온 것 같았다. 거실 분위기는 자리에 앉기만 했는데도 무언가에 몰입하고 싶은 충동을 일으켰다. 그때까지 어머님은 아무 말도 하지 않았지만, 보는 것만으로도 많은 것을 배울 수 있었다.

어머님은 개인적인 사정으로 집에서 혼자 일을 해야 했고, 공부방 운영을 통해 아이들 공부를 직접 봐주며 학원비도 아끼고, 생활비도 벌 수 있었다. 그렇게 시작한 공부방은 어머님의 교육에 대한 열정 하나로 첫째 아이와 조카를 서울대에 그리고 둘째 아이를 연세대에 입학시켰다. 어머님은 자기 경험에서 우러나는 비법을 마치 보물 상자에서 보물을 꺼내듯 하나하나 조심스럽게 풀어놓기 시작했다. 우리는 어머님의 이야기에 싱크홀에 빠진 자동차처럼 점점 빨려 들어갔다.

어머님   아이가 행복하길 바라세요?
나   네, 그럼요.
어머님   어떻게 하면 행복할까요?
나   글쎄요!
어머님   아이는 초등학교에 가면 앞으로 12년 동안 학교생활을 합니다. 우리나라의 교육은 입시와 성적 위주라서 우선은 학교 성적이 좋아야 아이 자존감도 높아지고, 행복해집니다.
어머님   혹시 영어학원에 보낸 적 있나요?
나   아니요 아직 없어요.
어머님   괜찮습니다. 지금 시작하면 됩니다. 딱 좋은 시기에 잘 오셨어요.

영어교육은 학교에서 좋은 성적을 받기 위한 교육과 유창한 회화를 위한 교육, 이렇게 두 가지로 나뉩니다. 그러나 가정에서 영어를 사용하지 않는 우리나라의 교육 현실에서는 두 마리 토끼를 다 잡을 수는 없고, 둘 중 한 가지를 선택해야만 합니다. 성적을 위한 교육은 실력이 쌓이면 나중에 성인이 된 후에도 짧은 시간 안에 회화 실력을 끌어올릴 수 있지만, 회화를 위한 교육은 학교에서 좋은 성적을 받을 수 없어 취업에도 별 도움이 되지 않습니다.

나   우리 아이 너무 늦은 건 아닐까요?

어머님   지금이 영어교육을 시작하기 가장 좋은 시기예요.

나   그럼, 학교에서 좋은 성적을 받기 위해서 지금 뭘 하면 되나요?

어머님   지금부터 영어에 흥미를 느낄 수 있도록 학원을 보내세요. 흥미를 잃지 않고 영어에 관심을 가질 정도의 학원이면 충분합니다.

오랜 시간 공부방을 운영했던 어머님으로 비법을 듣고 난 후, 우리는 누가 먼저라고 할 것도 없이 영어학원을 검색했다. 동네 엄마들 사이에서 입소문이 좋은 학원 몇 군데를 골라서 직접 찾아가 설명도 듣고, 상담도 받았다. 그렇게 아이는 영어학원을 다니기 시작했다.

그로부터 정확히 2년이 지난 지금, 아이는 다니던 피아노 학원을 그만두었고, 피아노는 거실 한쪽에 장식품으로 변해 있었다. 손흥민 같은 축구선수가 되겠다던 아이의 축구화와 축구공은 먼지가 묻은 채로 창고를 지키고 있었고, 고흐 아저씨처럼 멋진 화가가 되겠다던 아이의 스케치북과 크레파스도 장난감 방에서 바구니만 채우고 있었다. 하지만 영어학원만큼은 지금까지 하루도 빠지지 않고 잘 다니고 있고, 최근에는 실력까지 인정받아 다니던 반에서 상급반으로 승격까지 했다.

10.
흔들리는 아내의 엄마표 학습

엄마표 학습은 시작부터 난관에 부딪혔다.

흔들리던 아내는 엄마표 학습을 시작했다. 그러나 부모가 아이를 직접 지도하고 교육하는 것은 무척 어려운 일이었다. 일부 부모들은 분통이 터져서 자식과의 관계가 틀어지기도 한다며 어려움을 호소하기도 한다.

처음에는 내가 해볼까도 생각했지만, 요즘 아이들 학습 수준이 예전과 다르게 너무 높아져서 반강제로 교사인 아내에게 양보할 수밖에 없었다. 아내의 엄마표 학습은 주로 아이가 모든 일정을 마치고 집으로 돌아와 책상에 앉으면 학원에서 내준 숙제나 수학 문제집을 푸는 것을 옆에 앉아서 도와주는 정도였다. 처음에는 그런 아내가 이해되지 않았지만, 시작할 때부터 아내는 엄마표 학습에 대한 목표와 방향이 분명해 보였다. 엄마표 학습은 아이표로 넘어가는 과정을 엄마가 옆에서 도와주는 것일 뿐, 결국 공부는 스스로 해야 하는 것이라 절대로 엄마에게 의존해서는 안 된다는 사실을 아이에게 늘 인지시켰다. 시켜서 하는 공부는 오래가지 못하고, 스스로 학습할 수 있는 능력을 키워 주는 것이 중요하다고 생각했다.

그러나 엄마표 학습은 시작부터 난관에 부딪혔다. 아이는 도무지 엄마를 선생님으로 인정하지 않는 눈치였다. 학습 중에는 계속 장난을 치려고 하거나 자신만의 학습 방식을 고집하기도 했다. 때로는 문제가 잘 풀리지 않거나 뜻대로 되지 않으면 모든 짜증을 엄마에게 내거나, 하루 할당량도 제대로 지키지 않을 때가 많았다. 아이는 엄마가 자신이 아무렇게나 행동해도 이해해 줄 거라고 굳게 믿고 있었다. 나 같으면 벌써 매질을 해도 여러 번 하고 포기했을 법도 한데, 매일 불쑥불쑥 올라오는 화를 참아가며 지금까지 아이의 학습을 봐주는 아내가 정말 대단하다고 생각했다.

보통 학습은 아이가 책상에 앉으면 얼마간의 집중하는 시간을 가진 후, 어느 정도 준비가 됐다고 생각되면 시작했는데, 어떤 날은 서로 언성이 높아지거나 아이가 울음을 터트리기도 했고, 아내가 이제 더 이상 못하겠다며 공부방을 알아보자고 하소연을 하기도 했다. 또 어떤 날은 서로 감정싸움만 하다가 10분 만에 화를 벌컥 내며 그만두기도 했고, 금세 다시 책상에 앉아 머리를 맞대는 일도 있었다. 공부를 하면서 나타나는 갈등은 새로운 갈등이 아니고 일상적인 견해 차이가 공부를 통해 더욱 증폭되어 나타나기도 해서 이런 과정을 통해 서로의 감정을 다소 누그러뜨리고 문제를 풀어나가는 방법을 배우게 되는 장점도 있다지만 그런 모습을 매일 옆에서 지켜봐야 하는 나도 불편하긴 마찬가지였다.

언제까지 엄마표 학습을 계속할 거야?

부모가 언제까지나 아이의 학습을 봐 줄 수는 없는 일이었다. 아내도 직장에서 시달리다 집에 오면 써야 할 에너지가 한정되어 있어, 변화무쌍한 정글 같은 육아를 이어가려면 쉬어야 했다. 또 집에서 가르치는 엄마표 학습이 끝나고 공부방으로 갈아탈 때가 되면 학습 방식의 차이로 새로운 어려움을 겪을 수도 있어서 가끔은 자신이 잘하고 있는 걸까 하고 의문을 품기도 했다.

때로는 가르쳐 주고 싶어도 부모도 이해가 안 돼서 설명해 주는 것이 어려워질 때도 있을 것이고, 아이와의 관계가 틀어지는 것이 걱정되어 그만둘 수도 있을 것이며, 아이가 자발적으로 학원에 가고 싶어 할 수도 있다. 그래서 일부 학구열이 강한 집에서는 초등학교 고학년까지 엄마표 학습이 진행되는 집도 있긴 하지만 보통의 가정에서는 아이가 초등학교 3~4학년이 되면 대부분 손을 놓게 된다. 그래서 나는 아내에게 물었다.

"언제까지 엄마표 학습을 계속할 거야?"

아내는 곰곰이 생각하더니 드디어 입을 열었다. 아이의 학습 독립 시기는 사람마다 차이가 있겠지만 엄마표 학습의 가장 큰 목적은 자기 주도적인 학습 능력을 키워 스스로 공부 계획과 목표를 세우고, 부족한 부분을 직접 찾아서 보완하기 위해 다시 계획을 세울 줄 아는 일명 '메타인지' 능력이기 때문에, 특별한 기간을 정해둔 것은 아니고 같은 과정을 반복해서 아이에게 그 방법을 찾아주는 것이 진정한 엄마표 학습의 목표라고 말했다.

엄마표 학습을 시작한 지 2년 정도 지났을 때였다. 학원에서의 단어시험이

나 학교에서의 단원평가에서 100점만 맞는 똑똑한 아이라는 소리보다, 책상 앞에 먼저 앉아 엄마를 기다리는 아이, 풀리지 않는 문제를 고민하며 습관적으로 책을 펼치고, 그림을 그리며 몇 시간씩 몰입하는 아이, 하루 목표량을 채우지 않으면 자려고 하지 않는 아이를 보면서 아내의 교육 철학에 무한한 신뢰를 갖게 되었다. 아이는 엄마의 작용 때문에 반작용처럼 반응하고 있었다. 언젠가 아이에게 더 큰 작용으로 나타나길 기원하며 언제까지나 아내의 든든한 팬이 되기로 결심했다.

11.
넌 어떤 친구야?

'친구 따라 강남 간다'라는 말은 뼈 있는 말이다.

'친구 따라 강남 간다.'라는 말은 지금 생각해 보면 상당히 뼈 있고 의미 있는 말이었다. 실제로 강남에선 아이들의 대인관계를 위해 어려서부터 비싼 영어 유치원이나 사립 학교를 보내기도 하고, 아이에게 조금이라도 더 좋은 환경을 만들어 주기 위해 빚을 내서라도 이사를 하고 싶어 한다.

아이에게 7살 때부터 수영을 가르치기 시작했는데 수영은 물속에서 물의 흐름에 저항하면서 움직이기 때문에 전신 근력 운동이고, 관절의 유연성을 향상해 성장기에도 도움이 되기 때문이다. 또 수영할 때 규칙적인 호흡 패턴은 명상할 때 하는 호흡과 비슷해서 자기조절 능력을 키우고 안정감을 얻어 스트레스를 해소하는 데도 도움을 준다. 그래서 아이가 혼자 옷을 갈아입고, 몸을 씻기 시작할 무렵부터 수영을 시작했다.

하지만 이런 아빠의 마음과는 다르게 아이는 여러 번 수영 강습을 그만두고 싶어 했다. 수영은 배우는 것이 아니라 물에서 노는 것쯤으로 생각했던 것 같다. 한 번 배우기도 힘들지만 배워두면 평생 잊어버릴 일이 없는 수영은 살면서 꼭 필요한 운동이기도 하다. 지금 그만두면 다시 시작하기는 더 힘들다는 걸 잘 알기 때문에 수영만큼은 꼭 끝까지 가르치고 싶었다.

개인이 운영하는 사설 수영장과는 다르게 지방자치단체에서 운영하는 수영장은 매달 새롭게 수강 신청을 받았다. 가격도 저렴하지만, 어린이 수영은 주말반을 운영하기 때문에 인기가 많아서 경쟁도 치열했다. 매달 수강 신청 날짜가 다가오면 정신을 바짝 차리고 컴퓨터 앞에 앉아 대기했지만 그래도 수강을 놓쳐서 인근의 다른 수영장을 다녀야 했던 적도 있었다. 그러면서 자연스럽게 여러 가지 성향을 보인 다양한 친구들과 어울리게 되었다.

선생님보다 친구에게 더 많이 배우는 시기

함께 수영을 다니는 친구 중에는 A라는 친구와 B라는 친구가 있었다. 둘은 마치 고추장과 된장처럼 서로 결이 완전히 다른 친구였다. A와 함께 수영장에 다닐 때였다. 수영장에는 여러 가지 안전 규칙과 이용수칙이 있었는데, 입장하기 전에 비누로 온몸을 깨끗이 씻고 들어가야 하고, 수영장 안에서는 절대로 뛰어다니거나 물속으로 뛰어들어서는 안 된다. 그런데 아이는 A와 경쟁이라도 하듯이 먼저 옷을 갈아입고 물속으로 뛰어들기에 바빴다. 비누로 몸을 제대로 씻기는커녕, 수영복이나 모자 같은 물건도 잊어버리고 오기 일쑤였다. 강습 중에는 A와 둘이 붙어서 장난을 치느라 좀처럼 교육에 집중하지 못했고, 수영 실력도 항상 제자리였다. 또래 아이들이 대부분 그렇지만 여러 차례 이야기해도 잘 고쳐지지 않았다.

그러다 강습 장소가 바뀌면서 같은 영어학원에 다니는 B와 같이 수영하게 되었는데, B는 A와 다르게 무척 어른스러웠고, 나를 볼 때마다 깍듯하게 인사하는 예의가 바른 아이였다. 그리고 규칙을 지키지 않는 아이에게는 "왜 비누로 안 씻고 들어가?", "수영장에서 절대 뛰면 안 돼."라며 되려 나무라기도 했다. 부모가 어떻게 교육했을까 하는 생각이 들 정도로 배울 게 많은 아이였다. 아이 앞에서 B의 그런 행동을 칭찬했더니, B와 친하게 지내기 위해 수영장에서뿐 아니라 영어학원에서도 B 주변을 맴돌며 B의 행동을 따라 하기 시작했다.

그런 A와 B는 마치 된장과 고추장처럼 자연스레 비교의 대상이 되었다. 예로부터 된장은 어떤 음식과도 어울려 조화를 이루고 세월이 흘러도 변하지 않으며 오히려 깊은 맛을 내고, 맵고 독한 맛을 만나면 부드럽게 중화하는 역할을 했다. 그에 반해 고추장은 다른 음식과 조화를 이루기보다는 자신만의 색을 고집하고, 오래되면 색이 변하거나 맛이 없어진다고 했다. 아이는 쉽게 친구를 사귀기도 했지만, 함께 어울리기 위해 친구의 행동을 따라 하기도 했기 때문에 아빠는 이왕이면 고추장보다는 된장처럼 그리고 친구에게 쉽사리 흔들리지 않고 중심을 잡는 아이로 커 주길 바랐다. 가르치는 선생님보다 함께 놀며 따라 하는 친구에게 더 많이 배우게 되는 시기이기 때문이었다.

12.
밀가루를 정복하니 세상이 달라보인다

밀가루 최종 통과 판정을 받았다.

두 번의 반숙 달걀 유발검사는 결국 실패로 끝났지만, 완숙 달걀이 통과되어 끓는 물에 푹 삶은 달걀이나, 완전히 익힌 달걀은 먹을 수 있게 되었다. 완전한 달걀을 통과하기 위해서는 매일 달걀 1개씩을 먹으면서 1년 간의 유지기를 거친 후에 다시 반숙에 도전할 기회를 노려야 했다.

달걀과 더불어 밀가루도 면역치료에 들어갔다. 밀가루는 유발검사를 통과한 후 병원에서 처방해 준 스케줄표에 따라 매일 끓는 물에 5분 삶은 소면을 0.5g을 먹었다. 그리고 매주 일정량을 늘려 최종적으로 120g까지 증량해야 했다. 그러나 밀가루 양이 많아지면서 증량 자체가 힘들어졌다. 간장과 참기름으로만 간단하게 간을 한 밀가루 소면이 맛이 없어 아이가 먹기 힘들어했다. 또 삼시세끼에 더해서 매일 일정량의 밀가루까지 먹였더니 갑자기 체중이 불어나는 부작용도 겪었다.

그래도 매일 맛 없는 소면을 꾸역꾸역 먹어준 아이 덕분에 밀가루는 달걀 완숙보다 더 빠르고 수월하게 증량 목표치까지 도달했다. 이제 밀가루도 1년간의 유지만 거치면 최종 통과 판정을 받는다. 그만큼 먹을 수 있는 음식이 늘어난다는 것은 우리 가족에게는 축복 같은 일이었다. 그렇게 밀가루는 정확하게 8살 하고도 8개월 만에 먼저 시작한 달걀을 제치고 가장 먼저 최종 통과 판정을 받았다.

밀가루를 통과하고 나니 마치 마른 하늘에 무지개를 보는 것처럼 새로운 세상이 펼쳐졌다. 아이들이 좋아하는 치킨, 피자, 햄버거, 짜장면, 라면은 모두 밀가루가 함유된 음식이다. 밀가루를 통과한 날, 아이에게 제일 먼저 물었다.

나   밀가루 음식 중에 어떤 게 제일 먼저 먹고 싶어?
아들   응, 햄버거.

치킨과 피자, 짜장면과 라면이 기다린다.

먹을 수만 있다면 얼마든지 사주겠다고 약속했던 게 엊그제 같은데 벌써 현실이 되었다. 하지만 생각지도 못한 장애물들이 아직 남아 있었다. 시중에 파는 햄버거 빵에는 우유가 들어간다는 사실이다. 우유 치료는 아직 시작도 못했을 때였다. 또 햄버거 안에 들어가는 소스류에는 날달걀 성분이 들어가는 마요네즈까지 있었다. 그날부터 아내는 밀가루를 통과한 아이에게 먹일 수 있는 음식을 하나라도 더 찾겠다고 자고 일어나면 습관적으로 핸드폰을 검색했다.

동트기 전 새벽이 제일 어둡다고 했던가? 아내는 그렇게 밝은 빛을 찾아 헤매다가 우유가 들어가지 않는 빵으로 햄버거를 만들어 파는 프랜차이즈 매장과 마요네즈를 대신할 비건 쏘이마요를 찾았다. 8살인 아이가 태어나서 처음으로 햄버거를 먹으러 가는 날이었다. 그동안 사진으로만 보던 햄버거, 친구들이 먹는 걸 구경만 했던 햄버거가 도대체 어떤 맛인지 확인하러 가는 날이었다. 아이는 햄버거를 맞이할 생각에 출발 전부터 설레더니 햄버거 판매장이 보이기 시작하자 빛의 속도로 달리기 시작했

12. 밀가루를 정복하니 세상이 달라보인다

다. 먼저 문을 열고 들어간 아이는 언제 배웠는지, 키오스크 메뉴판을 보며 직접 주문하기 시작했다. 그리고 햄버거 안의 마요네즈는 빼달라는 주문도 잊지 않았다. 잠시 후 드디어 주문한 음식이 나왔다.

두 손으로 얼굴만 한 햄버거를 잡아들더니 입으로 가져가 크게 한 입 베어 물었다. 나와 아내는 그 순간을 영원히 담으려고 카메라까지 꺼내 들었다. 그런데 웬일인지 입에 넣고 씹기 시작하더니 한입 먹고는 다시 내려놓는다. 그리곤 옆에 같이 나온 감자튀김만 만지작거린다. "왜 그래, 맛이 없어?"라고 물으니 햄버거 안에 고기 패티가 맛이 이상하단다. 생각했던 맛이 아니었던 모양이다. 참 속상했다. 먹을 수 있는 것도 별로 없는데, 힘들게 찾아낸 음식이라도 잘 먹으면 좋으련만, 성질 급한 나는 이 상황이 또 화부터 난다. 제일 속상한 건 분명 그동안 못 먹던 햄버거를 기대하고 처음 맛본 아이일 텐데, 화는 오히려 내가 냈다. 비록 첫 번째 햄버거는 실패했지만, 아직 우리에겐 짜장면과 라면 그리고 치킨이 기다리고 있었다.

"어둠이 깊을수록 빛은 가깝다."

리처드 포플러의 명언처럼 우리 가족에게도 세상 밝은 빛이 조금씩 보이기 시작했다.

13.
새로운 세상을 맛보다

라면만큼은 절대로 포기할 수 없었다.

아내를 포함해 라면을 진심으로 대한 사람들은 '인류의 가장 위대한 발명 식품, 아무리 먹어도 질리지 않는 맛'이라고 말한다. 맞벌이 부부들의 최애 식품인 라면은 하루 종일 일에 시달리다 집에 오면 육아라는 또 다른 전쟁이 기다리고 있는 이들에게 간단하게 한 끼를 해결해 주는 톡톡한 효자 노릇을 한다. 그래서 아이 때문에 포기하고 살았던 음식은 많았지만, 라면만큼은 절대로 포기할 수 없었다.

아이가 밀가루를 완전히 통과해서 같이 라면을 먹을 수 있을 때까지는 라면을 먹고 싶을 때마다 아이가 잠들기를 기다리거나, 어쩔 수 없이 아이 앞에서 먹게 되더라도 그릇에 얼굴을 완전히 파묻은 채 눈치를 살펴야 했다. 그런데 아이가 밀가루를 통과할 때쯤 라면에 관심을 보이기 시작했다.

아이   아빠, 라면은 무슨 맛이야?
나   응, 너무 매워서 아이들은 못 먹어.

이런 식으로 대충 얼버무렸다. 아이가 아니었으면 평생 모르고 살았을 불편한 진실들은 이것 말고도 참 많았다. 그중 하나가 바로 라면에도 밀가루뿐 아니라 우유 성분이 들어간다는 사실이었다. 그래서 밀가루를 통과한 후에도 우유까지 통과할 때까지 한동안 라면은 먹을 수 없었다.

아내는 이번에도 마치 토끼풀 사이에서 네잎클로버를 찾듯이 우유가 들어가지 않은 라면을 찾아냈다. 그것은 OOO라는 유기농 매장에서 판매하는 'OO 라면'이었다. 우유가 들어가지도 않았지만, 아이들이 먹을 수 있을 만큼 맵지도 않았다. 아이

가 처음 라면을 먹는 날 후루룩후루룩 면 빨아들이기를 하며 마치 환장한 사람처럼 라면을 먹는 모습에 우리는 한동안 '환장라면'이라고 불렀다. '환장라면' 덕분에 우리 부부는 이제 고개를 빳빳하게 들고 당당하게 라면을 즐길 수 있게 되었다. 그날 이후 가끔 다 함께 식탁에 앉아 라면을 먹는 날이면 말없이 라면 한 그릇을 싹 비우는 아이 모습이 아직도 눈에 선하다.

축구 경기를 관람하며 함께 치킨을 먹고 싶었다.

치킨을 덮고 있는 튀김옷에는 달걀이 들어가지만, 뜨거운 온도에서 바짝 익힌 달걀이라 밀가루만 통과되면 시중에 파는 웬만한 치킨은 모두 먹을 수 있었다. 그래서 밀가루를 통과하면 아이와 함께 꼭 해보고 싶은 게 하나 더 있었다. 바로 축구 경기를 관람하며 치킨을 먹는 것이었다. 아이가 축구를 배우기 시작하면서부터 계속 축구선수라는 꿈을 꾸고 있었기 때문에 아이의 꿈도 응원할 겸 실시간 경기를 관람하며 그 특별했던 첫 번째 치킨을 더욱 특별하게 먹고 싶었다.

아이의 꿈처럼 축구장의 열기 또한 뜨거웠다. 마치 아이의 밀가루 통과와 첫 번째 치킨 시식을 축하해주는 것만 같았다. 햄버거를 처음 맛볼 때와는 다르게 아이는 치킨을 들고 자리에 앉자마자 먹기 시작해서 첫 골이 들어갈 때까지 난생처음 맛보는 치킨의 세계에 푹 빠졌다. 나는 축구 경기보다 온 얼굴에 튀김가루를 묻혀가며 말없이 먹기만 하는 아이를 구경하는 게 훨씬 더 재밌었다. 아들아, 이제 시작일 뿐이다. 상상했던 일들이 하나둘 현실이 되는 순간을 맛보며 더 큰 미래를 꿈꾸길 바란다.

14.
우유 거부반응을 줄이는 방법

과자공장 사장님, 부탁합니다.

마트에 파는 과자에는 대부분 밀가루뿐만 아니라 우유가 들어간다. 아이가 처음 집 밖으로 나가 어린이집에 다니기 시작하면서부터 간식으로 나오는 과자 때문에 애를 먹었다. 너무 먹고 싶어 했지만, 먹을 수 있는 게 없었다. 그래서 항상 아이에게만 포장지가 다른 특별한 과자를 주기가 미안했다. 그런데 아내가 집 앞 마트의 과자 판매대에서 밀가루나 우유가 들어가지 않고 100% 감자만 넣어서 만든 과자를 찾아냈다. 그 이름은 바로 '포테토칩'이였다. 그마저도 여러 가지 버전 중에 오직 오리지널 버전만 가능해서 밀가루와 우유를 완전히 통과했던 8살 때까지 포테토칩만 지겹도록 먹었다.

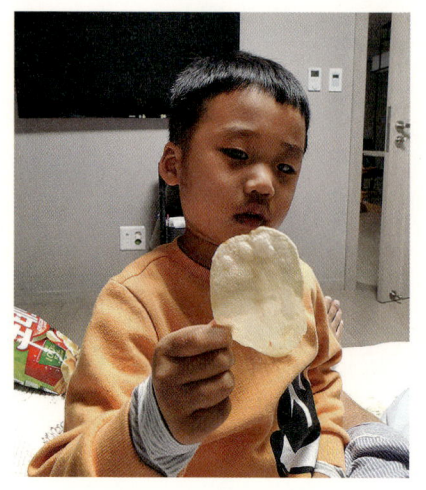

하지만 당시에는 시중에 파는 과자 중에 다른 아이들이 먹는 과자와 똑같은 과자를 먹을 수 있다는 것만으로도 참 다행이라고 생각했다. 그날 이후로 아이는 동네 마트에 갈 때마다 엄마 아빠를 따라나섰고, 과자 판매대에는 꼭 들렸다. 그리고 진열된 과자 중에 혹시 '포테토칩' 같은 과자가 숨어 있거나 먹을 수 있는 과자가 새로 나왔을지도 모른다는 간절한 마음으로 과자봉지 뒤에 적인 성분표를 일일이 확인했다. 때로는 "엄마, 이것도 우유가 들어갔어." 하면서 실망한 듯 손에서 과자를 내려놓으며 한동안 넋을 잃고 쳐다보기도 했다. 당시에는 과자공장 사장님에게 전화라도 해서 우유나 밀가루가 안 들어간 과자 좀 만들어 달라고 하소연이라도 하고 싶었다.

그리고 얼마 후, 달걀과 밀가루에 이어 알레르기 3종 세트 중 마지막으로 우유 치료를 시작했다. 한때 어린이집에서 체험학습을 하다가 빈 우유곽에 묻은 우유에 접촉만으로도 흰 눈동자까지 심하게 부풀어 오를 만큼 반응이 심했지만, 유발검사를 통과하고 증량기에 들어갔다. 전자레인지로 데운 따뜻한 우유 0.2g부터 시작했다.

그러나 달걀과 밀가루와는 다르게 우유는 맛이 이상하다며 먹는 것 자체에 굉장한 거부감을 느꼈다. 시작부터 쉽지 않았다. 조금씩 먹여서 내성을 기르는 면역치료는 아이가 스스로 먹지 않으면 더는 방법이 없었다. 사실 힘들게 여기까지 온 것도 온전히 아이의 협조가 제일 큰 역할을 했다. 이대로 포기할 순 없었다.

"꿈을 밀고 가는 힘은 이성이 아니라 희망이며,
두뇌가 아니라 심장이다."

우유를 통과해야 과자를 먹을 수 있어.

아내의 희망과 뜨거운 심장이 또 한 번 아이를 움직였다. 우유에 거부반응을 줄이기 위해 시중에 파는 '제티'(딸기 맛, 바나나 맛을 내는 가루) 라는 제품을 우유에 섞어서 먹였더니 아이가 다시 우유를 먹기 시작했다. 제티는 딸기 맛과 바나나 맛을 내는 가루였다. 더 중요한 사실은 우유의 경우에는 최종적으로 120g을 먹어야 증량기를 통과하지만, 단 10g만 통과해도 시중에서 파는 우유 성분이 함유된 과자 정도는 먹을 수 있었다.

얼마 뒤 드디어 우유 10g을 통과했다. 그렇게 기다리고 기다렸던 마트에 파는 과자를 먹을 수 있게 되었다. 퇴근 준비를 하고 있는데 아이에게 전화가 왔다. 초등학교에 입학하고 자기 핸드폰이 생긴 이후부터는 아빠에게 자주 전화했었지만, 오늘따라 전화기 속 아이의 목소리는 평소보다 많이 흥분되어 있었다.

"아빠, 올 때 양파링 사와, 우유 10g 통과했어."

마트의 과자 판매대에는 우유가 들어간 좀 더 비싸고 고급스러운 과자가 많이 있었지만, 아이의 선택은 '양파링'이었다. 양파링은 아이가 3살 때쯤 어린이집에서 어린이날 행사로 게임을 할 때 천장에 매달린 과자를 먹지 못해 쳐다만 보고 있었던 바로 그 과자였다. 너무 어려서 기억도 못할 줄 알았지만, 수년이 지난 지금까지도 그 과자의 이름을 정확히 기억하고 있었다. 나는 전화를 끊자마자 동네 마트로 달려가 '양파링' 두 봉지를 사 들고 집으로 갔다. 갈 때마다 먹고 싶어 만지작거리기만 하다가 다시 내려놓기를 반복했던 그 과자를 드디어 입속에 넣으며 아이가 한마디 한다 "음~ 이런 맛이었구나!"

'가장 큰 영광은 절대로 쓰러지지 않는 것이 아니라,
쓰러질 때마다 다시 일어서는 것이다.'

아이는 쓰러질 때마다 계속 다시 일어나고 있었다.

15.
조금 느리더라도 건강을 챙기면서 간다

손가락에 생긴 상처 그리고 우리는 치료를 중단했다.

우유를 50g까지 증량했을 때였다. 우리 가족은 "올해 생일에는 크림이 듬뿍 들어간 생크림 케이크를 먹을 수 있겠네!"라며 벌써부터 희망 고문을 시작했다. 사실은 우유 40g을 증량했을 때부터 몸 여기저기에서 발진이 올라오며 심상치 않은 증상을 보였었다. 하지만 그때마다 항상 있는 일이겠지 하면서 대수롭지 않게 넘겼다. 그도 그럴 것이 아이의 피부는 태어나서 지금까지 1년 365일 발진이 하나도 없이 깨끗한 날이 거의 없었기 때문이다.

우유를 60g으로 증량했을 때는 평소와 다르게 손가락에 물방울만

한 기포 모양의 발진이 조금씩 생기기 시작하더니 점점 더 부위가 넓어졌다. 평소에 보던 발진과는 완전히 달랐다. 처음에는 벌레에 물렸거나 단순한 피부병인 줄 알았다. 집에 있는 스테로이드 연고로도 쉽게 가라앉지 않아 걱정스러운 마음에 병원을 찾았다. 동네 여러 병원에 다녔지만, 원인을 알 수 없기는 마찬가지였다. 시간이 지날수록 아이의 손가락에 난 물방울만 한 기포는 어느새 땅콩만큼 커졌다.

그때 우리는 '혹시 우유 때문에 생긴 피부염이 아닐까?' 하고 처음으로 의심했다. 만약에 알레르기 때문이라면 더 심각해지기 전에 지금 당장 치료를 중단해야 했다. 어렵게 시작해서 하루하루 조금씩 양을 늘려가며 여기까지 왔는데, 중단하면 똑같은 과정을 처음부터 다시 시작해야 하기에 절대 쉽지 않은 선택이었다.

아직 정확하게 알레르기 때문이라고 단정할 수 없는 상황이라 아내와 난 고민 끝에 스테로이드 연고의 강도를 한 단계 높여 가며, 우유를 70g까지 증량했다. 그런데 이번엔 손가락의 기포가 여러 갈래로 갈라지고 갈라진 사이로 진물까지 나면서 아주 심각

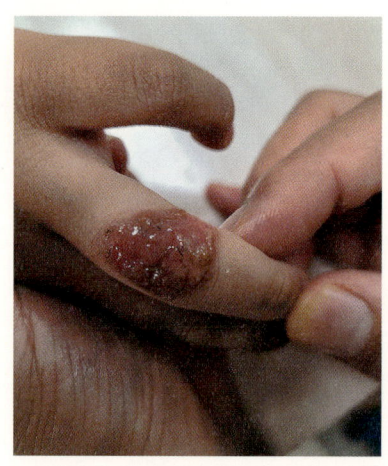

한 상태로 변했다. 게다가 처음 손가락에서 시작했던 기포 모양의 상처는 코와 눈 부위에도 발견되기 시작했다. 그길로 우리는 치료를 잠정적으로 중단했다.

100미터 달리기보다는 마라톤을 뛰는 마음으로

어차피 처음부터 아이의 건강을 위해서 시작한 치료기 때문에 천천히 가더라도 아이의 건강을 챙기면서 다시 가야 했다. 그러나 또 다른 난관이 찾아왔다. 치료를 다시 시작하게 되면서 10g 증량 시부터 먹어왔던 우유가 첨가된 과자까지 함께 중단해야 했다. 알레르기 치료는 모든 것이 선택과 고민의 연속이었다. 8살이 되어서야 겨우 먹기 시작한 과자를 또다시 차단하는 것은 부모로서 아이에게 할 짓이 아니었지만, 완전한 화재진압을 위해서는 군불까지 확실히 정리해야 하듯이 완전하게 끊고 다시 시작하는 게 맞다고 생각했다.

그렇게 시간이 지나면서 상처들이 아물어 갔다. 피부가 다시 예전의 모습을 찾았을 때쯤 면역치료를 처음부터 다시 시작했다. 우유만 통과되면 모든 종류의 아이스크림과 빵, 과자와 요구르트뿐 아니라 그토록 기다렸던 생일 케이크를 먹을 수 있었다. 비록 8살 생일에도 케이크를 먹는 건 실패했지만 "올해 못 먹으면 내년에 먹으면 되지 뭐!"라며 오히려 엄마·아빠를 위로하는 대견한 아이였다.

알레르기라는 질환은 결코 하루아침에 좋아지지 않는다. 더딘 속도에 조바심은 나겠지만 완주를 위해서는 100미터 달리기처럼 전력 질주로 힘을 다 빼서는 안 되며 마라톤처럼 지치지 않게 페이스 조절을 해야 했다. 같이 뛰어주는 페이스 메이커가 없기에 스스로 속도 조절을 못 하면 결국 완주에 실패할 수밖에 없다. 우유 치료가 다른 음식보다 확실히 어렵다고 생각은 했지만, 접촉만으로도 두드러기 반응이 올라오던 때를 생각하면, 그래도 해볼 만했다.

Part 3

땡돌이 아빠의 육아 비법

1.
나를 아빠라고 불러 준 존재

아빠가 되고 싶었다.

아내를 처음 만난 건 정확히 2012년 12월 하고도 14일 비가 아주 많이 오던 금요일이었다. 당시 나는 학교전담 경찰관으로 근무하면서 학교 폭력 현장 컨설팅을 위해 우연히 아내가 일하던 학교를 방문하게 되었다. 당시 보건교사로 일했던 아내는 성폭력 예방을 위한 교육 현황을 보고하러 컨설팅 현장을 방문했고, 맑은 눈과 밝은 미소를 가진 아내를 보고 나는 첫눈에 반했다. 나의 눈과 귀는 줄곧 컨설팅 현장이 아닌 아내에게 향했고, 보고가 끝나고 돌아간 후에도 보건실까지 찾아가는 적극적인 구애와 노력으로 불타는 연애가 시작되었다. 그리고 천사 같은 아내는 나를 구제해 주었다.

결혼한 지 1년쯤 지났을 때였다. 그때까지만 해도 결혼만 하면 모든 것이 행복할 줄만 알았다. 남들에겐 평범한 일상이 나에겐 왜 그렇게 특별했는지, 결혼 전에는 미처 몰랐다. 결혼한 사람 중에는 아이가 태어나면 '나' 중심에서 '아이' 중심으로 삶의 형태가 완전히 바뀌는 것이 두려워 아이를 낳지 않겠다는 '딩크족'도 생겨났지만, 그토록 아이를 바라는 우리 부부에겐 결혼한 지 1년이 다 되어갈 때까지 아이 소식이 없었다.

결혼하고 나니 만나는 사람마다 통과의례처럼 물어댔다. 그때 알았다. 사랑하는 두 사람이 결혼을 해서 부부가 되고 가족이 된 후에 원하는 아기가 생기지 않으면 힘들어진다는 것을. 아내가 먼저 말했다.

아내   여보, 아이 빨리 가지고 싶어? 아님. 천천히 가지고 싶어?
나   응, 빨리 가지고 싶어.
아내   그래. 그럼, 자연 임신 시도하면서 난임병원도 같이 다니자.

자연 임신도 여러 번 시도했지만 나도 아내도 적은 나이가 아니다 보니 좀 더 빨리 아이를 만나고 싶은 마음에 더 이상 기다리지 않고 의학의 도움을 받기로 결정했다. 시험관 시술을 결정하기까지는 왠지 모를 거부감과 힘들다는 인식 때문에 여자로서 쉽지 않았을 텐데 선택을 해준 아내가 고마웠다. 그리고 그 어렵다는 시술을 잘 견뎌준 아내 덕분에 인공수정 1번, 시험관 1번 만에 성공했다. 아기 시술은 아이를 원하는 부모에게는 하늘에서 내려준 축복 같은 존재로, 부부들의 꿈을 이루어주며 사랑과 행복을 가득 채워줬다.

임신에 성공한 후, 안정기에 접어들면서 '찰떡'이라는 태명을 지었다. 찰떡처럼 절대로 떨어지지 말고 엄마 뱃속에 꼭 붙어 있으란 뜻에서 지은 태명이었다. 쌍둥이를 갖고 싶은 마음에 '콩떡이'도 함께 엄마 배 속에 있었지만 안타깝게도 '찰떡이'만 우리에게 와주었다. 그러나 우리 부부는 찰떡이만으로도 너무 감사하고 행복했다. 기적처럼 찾아온 아이의 초음파 사진을 보며, '하리보 젤리 곰'처럼 작은 점이 점점 커가는 모습을 마음 졸이며 지켜봤다.

주말마다 베이비 페어를 찾아다니며 출산용품과 산모 용품을 고르며 하루하루 만날 날을 손꼽아 기다렸다. 병원에 가서 아이 심장 소리를 확인할 때마다 내 심장도 함께 두근거렸다. 꼭 만나고 싶었다. 그리고 나는 누군가에게 한 번도 배워 본 적 없이 세상에서 나를 아빠라고 불러 준 소중한 존재를 만났다.

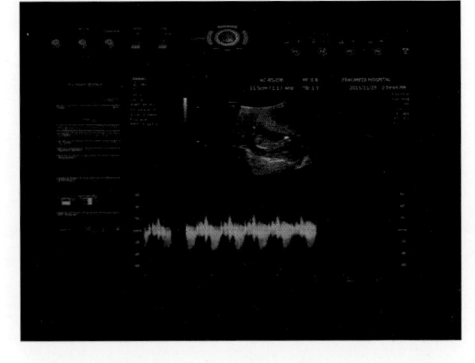

5분 대기조의 비상 출동 명령

출산 초기 음식 냄새만 맡아도 입덧하는 아내 때문에 사서 먹는 일이 많아졌지만, 그마저도 먹는 둥 마는 둥 했다. 출산일이 다가올수록 아내의 배는 점점 커졌다. 퇴근하고 집으로 돌아오면 만삭인 아내를 대신해서 설거지부터 청소까지 모든 집안일은 내 담당이 되었다. 저녁은 사 온 반찬을 냉장고에서 꺼내고, 단백질 반찬 하나쯤은 따로 준비했다. 대체로 달걀이나 만두, 고기나 돈가스 같은 것들이다. 그래야 사 먹는 반찬이지만 균형 있고, 영양가 있는 한 끼가 될 것 같았다.

제대로 먹지 못하는 아내를 위해 과일도 깎았다. 그래야 좋은 남편, 좋은 아빠에 좀 더 가까이 간 것 같았다. 아내는 과일을 먹자마자 깊은 잠에 빠져 들었다. 잠든 발 밑에는 큰 가방이 하나 놓여 있었다. 조기 진통이지만 급하게 입원해야 할 일이 생겼을 때를 대비해서 미리 준비해 둔 출산용 가방이었다. 소식이 오면 언제든지 저 가방을 들고 병원으로 달려가야 해서 볼 때마다 가슴이 두근거렸다. 그런데 혼자 거실에서 TV를 보고 있는데 잠들었던 아내가 갑자기 방문을 박차고 나온다.

"여보, 일어나! 양수 터졌어."

드디어 때가 되었다. 마치 5분 대기조의 비상 출동 명령과도 같았다. 나는 출산 가방을 들고 아내와 함께 병원으로 향했다. 평소 느긋하기로 소문난 아내의 생전 처음 보는 다급한 모습에 나도 덩달아 많이 놀랐는지 갑자기 딸꾹질이 나오기 시작했다. 그때 시작한 딸꾹질은 아이가 세상 밖으로 나올 때까지 멈추질 않았다. 그 바람에 옆에서 시끄럽게 한다며 아내에게 연신 혼이 나기도 했다. 더군다나 우리 부부는 가족분만을 신청하는 바람에 달리 도망갈 때도 없었다. 일반 분만과 다르게 가족분만은 남편이 진통부터 출산까지 모든 과정을 함께해야 했다.

분만실에는 갑작스러운 환경에 아이가 스트레스받지 않도록 조명을 낮췄고, 엄마의 양수와 비슷한 온도의 욕조도 준비되어 있었다. 한쪽 구석에는 짐볼과 흔들의자 그리고 어디에 쓰이는 물건인지 모를 문어 모양의 나뭇조각이 있었다. 시간이 지날수록 아내의 진통은 심해졌다. 출산 교육 때 배운 라마즈 호흡법으로 고통을 최대한 줄이려고 노력했다. 출산의 통증을 아주 없앨 수는 없지만 마음과 신체를 능동적으로 활용해서 통증을 경감시키는 방법이었다. 호흡을 짧게 1초 들이마시고, 1초 내쉬는 것으로 호흡법을 시작했다. 사실 산모가 호흡을 할 때 남편이 옆에서 어떻게 도와야 하는지 코칭을 받았다. 그때 필요한 게 바로 문어 모양의 나뭇조각이었다.

퇴근 후 아내 손에 이끌려 마지못해 따라다녔던 출산 교육이라 졸다 듣기를 반복해서인지 그때 사용한 문어인지, 고래인지 기억이 잘 나질 않았다. 문어를 들고 들숨 때 문지르고 날숨 때 멈추는지 아니면 정반대인지 타이밍을 못 맞춰서 아내에게 또 혼이 났다. 머리카락이 무사한 걸 다행으로 생각하라는 친구들의 조언을 새겨들었어야 했다. 거친 비바람을 이겨내야 찬란한 무지개와 태양을 볼 수 있듯이 아내의 출산 과정을 모두 지켜보며 이 세상의 모든 엄마를 존경하게 되었다.

아이 머리가 '축구공' 같아요.

저녁 9시부터 시작된 진통은 다음 날 아침까지 계속되었다. 곧 나온다는 아이는 그로부터 정확하게 3시간 뒤인 아침 9시 30분이 돼서야 겨우 세상에 처음 얼굴을 내밀었다. 사실 임신 후 아내의 성화에 못 이겨 '젠틀버스*(GB강좌 Gentle Birth)*'라는 출산 교육을 받으러 다녔다. 임신 19주에서 26주 사이의 예비 엄마와 아빠들이 아이가 웃으면서 행복한 인생을 출발할 수 있도록 도와주는 교육이었다.

출산 예행연습 때 나는 10kg의 임부복을 입고 임산부 체험도 했었다. 태어날 아이가 놀라지 않도록 최대한 엄마의 자궁과 비슷한 환경을 만들어 주고, 엄마의 품속에서 매일 듣던 심장 소리와 뱃속에서부터 맡아 온 익숙한 냄새를 통해 아이는 안정을 찾아간다. 아빠는 양수 환경과 같이 느끼도록 물 온도를 맞춰서 목욕도 시켜주고, 아빠

음성으로 노래 〈생일 축하합니다〉를 불러 주는 연습도 했다.

드디어 실전이다. 아이가 나온다는 의사 선생님의 안내가 있고 난 뒤, 곧 큰 울음소리가 들렸다. 아이는 의사의 손에서 간호사의 손을 거쳐 엄마의 배 위에서 잠시 머물다가 다시 아빠의 손으로 왔다. 아이가 처음 손에 닿았을 때의 그 촉촉하고 부드러움은 시간이 지나도 잊히지 않는다. 아이는 아빠의 양쪽 엄지손가락을 꼭 쥐며 차츰 세상에 적응해 가는 듯 보였다.

아내는 아이를 처음 본 후, 너무 놀라서 진통을 멈췄고, 나는 준비한 노래 가사를 까먹었다. 그것이 우리 가족의 첫 만남이었다. 우리는 모두 당황했다. 실제로 만난 아이는 그동안 초음파 사진으로만 보아왔던 아이의 모습과는 매우 달랐다. 요즘 의료 기술이 발달해서 뱃속의 초음파 사진이 실제 얼굴과 똑같다는 이야기는 거짓말 같았다.
그때 침묵을 깨는 의사 선생님의 목소리가 들렸다.

"아이 머리가 꼭 축구공 같아요."

평소 말이 없는 사람이라 그 말이 무슨 뜻인지, 어떤 의미인지 알 수 없었다. 지금 생각해 보면 아마도 아이 머리가 앞짱구 뒤짱구라 정말 축구공처럼 동그랗다는 말이 아니었을까 하는 생각이 든다. 그리고 나중에 알았다. 세상에 태어날 때 이쁜 아이는 없다는 것을. 그동안 엄마의 양수에서 생활하며 많이 부어 있었고, 세상에 나온다고 얼마나 용을 썼는지 얼굴은 시뻘겋고, 주름투성이였다.

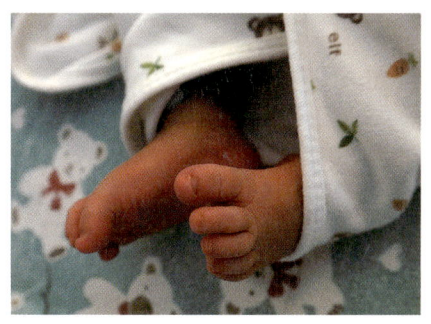

검은 피부를 가진 태국 왕자

우리 부부가 진짜 놀란 건 아이의 피부색 때문이었다. 방금 태어난 신생아 피부가 나보다 더 까맣다. 처음엔 어두침침한 조명 때문이라고 생각했다. 그러나 간호사를 따라 이동한 밝은 신생아실에서도 같이 누워 있는 수많은 신생아 사이에서 아이를 금방 찾을 수 있을 만큼 까맣다. 그래서 병원에서는 개원 이래 처음으로 신생아에게 일반적인 검사 이외에 황달 검사까지 추가하는 해프닝까지 겪었다.

다행히 아이는 건강했다. 울음소리는 또 얼마나 컸는지 다른 신생아들의 잠을 깨우는 일이 많아서 아이 엄마는 수시로 신생아실로 불려 다니며 아이 입에 모유를 물려야 했다. 조리원을 퇴소해서 집으로 온 후에도 아이를 처음 보는 사람들은 신생아를 데리고 "어디를 그렇게 놀러 다녔냐? 동남아로 여행을 다녀왔냐?"는 소리를 달고 살았다. 심지어는 아이 피부에 뭐가 묻은 줄 알고 손으로 문질러 보는 사람도 있었다. 그렇게 아이는 태어날 때부터 특별했다. 마치 축구공 같은 머리에 검은 피부를 가진 태국 왕자 같았다.

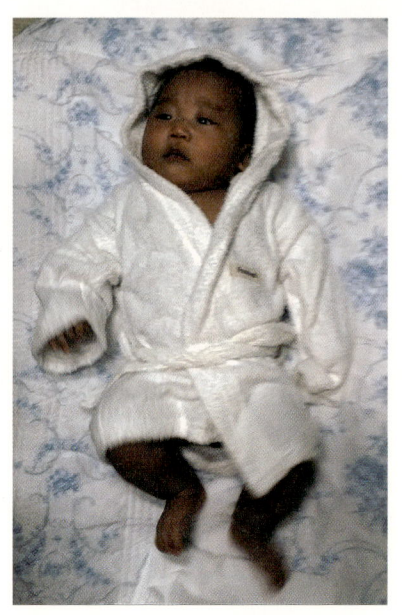

2.
세상에서 제일 좋은 아빠가 꿈

아들의 손을 잡고, 나의 아버지를 찾았다.

육아란 때로는 나의 어린 시절이나 부모님을 돌아보는 시간 여행과도 같았다. 예상치 못하게 불어닥친 코로나의 여파는 아버지가 계신 곳도 예외가 아니었다. 출입을 통제하는 바람에 해가 몇 번이 바뀌고 나서야 명절을 앞두고 겨우 아버지를 찾아뵐 수 있었다. 아버지는 뭐가 그리 급하셨는지 50대 후반의 이른 나이에 일찍 세상을 떠나셨다. 우리는 아버지를 가까운 경주의 한 사찰에 모셨다. 아버지가 돌아가신 후 강산이 두 번이나 변했고, 나도 어느덧 아버지의 나이가 되었다.

사실 나는 아버지에 대한 기억이 별로 없었다. 어린 시절 아버지는 회사 일로 늘 바쁘셨다. 아버지는 경북 김천시 조마면 가난한 시골에서 사형제 중 셋째로 태어나 일찍 돌아가신 할머니를 대신해 집안의 살림을 담당했다. 할아버지는 땟거리가 없어 자식들이 배를 곯는데도 하루 종일 방에서 곰방대만 물고 있을 정도로 한량이셨다. 유서 깊은 양반 가문의 가장은 절대로 일을 하지 않는다는 지나친 유교 사상이 문제였다. 그래서 나는 지금까지 불필요한 형식에 얽매이는 걸 아주 싫어하게 되었는지도 모르겠다.

사형제는 일자리를 찾아 무작정 서울로 향했다. 당시 23살이던 아버지는 서울에서 지금의 어머니를 만나 결혼을 했고, 이듬해에 누나가 태어났다. 먹고 살기 위해 집을 떠났지만, 결혼하고, 자식을 낳아 기르면서 자신의 삶을 포기한 채 한 가정의 생계를 책임지게 되었다. 아끼고 아껴서 집 한 채 장만하는 것이 인생 최대의 목표였던 시절, 아버지는 가족들이 모두 잠든 후에야 집으로 돌아오셨고, 아침에도 내가 일어나기 전에 출근하고 없었다. 휴일도 특근에 야근이면 따따블로 돈을 준다며 늘 회사로 출근하셨다.

사정이 이렇다 보니 가족끼리 여행은 고사하고 아버지랑 제대로 된 외식 한번 해본 적이 없었고, 대화는커녕 술을 마시면 주정처럼 한마디 툭 내뱉는 게 전부였다. 그 시대를 사셨기에 아버지는 자식들과 눈 한 번 맞출 시간도 없었고, 함께 놀아줄 시간도 없었다. 나도 아버지와 함께 목욕탕에 가서 서로 등을 밀어주며 남자들만의 뜨거운 정도 느껴 보고 싶었지만, 늘 바쁜 아버지 대신 초등학교 3학년 때까지 엄마와 누나를 따라 여탕으로 가야만 했다.

그렇게 악착같이 벌어서 입에 풀칠하고, 자식들 공부시켜 가난을 대물림하지 않는 것이 아버지가 자식에게 줄 수 있는 가장 큰 선물이라고 여겼던 것 같다. 하지만 내가 고등학생으로 성장했을 때, 서로 서먹해서 아버지와 같이 한 공간에 있는 그것조차 불편했고, 때로는 일부러 이리저리 피해 다니기도 했다. 그러다 갑자기 돌아가시는 바람에 아버지와의 시간은 늘 아쉬움으로 남았다. 돌아가신 지 20년 지나서 나는 아빠가 되어 아들의 손을 잡고 다시 나의 아버지를 찾았다.

아빠가 줄 수 있는 가장 큰 선물은 '시간'이었다.

40이 넘은 늦은 나이에 어렵게 만난 아이에게 세상에서 제일 좋은 아빠가 되고 싶었지만, 느닷없이 찾아온 알레르기 덕에 뷔페 먹는 아이를 보는 게 아빠로서 나의 꿈이 되어 버렸다. 사실 난 좋은 아빠란 어떤 아빠인지 모른다. 그러나 미치도록 가려워 밤새 피가 나도록 긁는 아이, 그런 아이를 지켜보며 눈물 속에 살아야 했던 아내 그리고 지푸라기라도 잡고 싶은 심정으로 탈출을 시도했던 우리 가족의 좌충우돌 알레르기 극복기를 통해 좋은 아빠가 되겠다고 다짐하고 노력했던 그 과정들을 돌아보니, 좋은 아빠는 결코 좋은 장난감이나 좋은 옷, 맛있는 음식을 사주는 것이 아니라, 함께 뛰어놀고 이야기하며 많은 시간을 보내는 아빠라는 생각이 들었다. 존 크루델의 말처럼 아이들은 사랑을 함께 놀아주는 시간으로 생각하기 때문이다.

EBS 다큐멘터리 프로그램의 한 방송에서는 우리나라 최고의 대학이라고 불리는 서울대학교에 입학했던 한 학생은 자신의 어린 시절을 되돌아보니 행복하기는커녕 특별히 기억나는 일이 없다고 했다. 학교와 학원, 집을 시계추처럼 돌면서 오로지 공부만 했던 어린 시절이 부모님과 쌓은 그 어떤 행복했던 추억도 없어 늦었지만, 서울대를 자퇴하고 이제라도 행복한 추억을 만들어 보려고 한다는 말이 떠오른다.

어린 시절의 기억은 아이의 평생을 좌우할 만큼 중요하다. 아이는 부모의 예상보다 빠르게 자라기 때문에 함께 하는 매 순간을 아이가 평생 기억할 만큼 따뜻한 추억으로 만들어 주는 것이 아이들을 양육하는 데 최우선 목표가 되어야 하는 이유다. 더 이상 아이의 행복이 좋은 성적, 좋은 대학, 좋은 직장에만 있는 게 아니라는 사실을 이해하고 받아들여야 한다. 성인이 된 조카는 "아이는 어릴 때 아빠가 같이 놀아준 만큼 나중에 아빠랑 놀아준다"고 말했다. 지금도 아빠랑 여행을 다니며, 기분 좋은 날 함께 막걸릿잔을 부딪치는 조카의 말은 믿을 수밖에 없었다.

육아란 시시각각 변하는 한 생명이 자라는 것을 가장 가까이서 지켜볼 수 있는 경이로운 일이다. 그런 육아의 최대 수혜자인 아빠가 아이에게 줄 수 있는 가장 큰 선물은 '시간'이었다. 그러나 그 시간이 생각보다 길지 않았다. 아이와의 시간도 나중에 여유가 생길 때 함께 보내면 된다고 생각하겠지만 아이들은 생각보다 빨리 자란다. 놀이동산에 가자고, 아빠랑 축구를 하자고, 공룡공원에 가자고 해도 다음 달이면 아이의 관심은 이미 다른 데로 가고 없을 수도 있다. 놀이동산은 시시하고 축구는 친구들과 하는 게 훨씬 재미있고, 공룡 따위는 포켓몬스터에게 밀려 관심이 사라질 수도 있는 일이었다. 아이가 원하는 걸 원할 때 바로바로 해주는 것이 가장 중요하다고 생각했다. 그렇지 않으면 다시는 아이들의 관심을 끌지 못할 수도 있었다.

주변에는 시간이 없

다고 하소연하는 아빠들을 많이 보았다. 그렇지만 지금 없는 시간이 나중에 갑자기 생길까? 혹시 시간이 생겼다고 한들 아이가 아빠를 온전히 기다리고 있다는 것은 아빠들만의 착각일지도 모른다. 오늘 할 일을 내일로 미루면 내일은 또 내일의 할 일이 우리를 기다리고 있다. 일과 후라도 주말이라도 연차를 써서라도 지금 당장 시간을 내서 아이와 함께 놀아줘야 한다. 꽃은 다시 피지만, 강물은 한 번 흐르면 다시 돌아오지 않기 때문이다.

3.
아빠, 나 왜 낳았어?

심각해진 아이의 느닷없는 질문

매년 연초가 되면 직장에서는 인사 발령이 있다. 그래서 이맘때가 되면 가는 사람과 오는 사람으로 뒤섞여 사무실 분위기는 늘 어수선하다. 가는 사람들은 새로 옮길 자리를 찾느라 분주하고, 오는 사람들은 새로운 환경에 적응하느라 바쁘다. 인사 발령이 마무리되고 나면 팀 회식이 있다. 그날도 회식을 마치고 얼큰하게 취해서 집으로 들어가는 길이었다.

평소에는 아빠가 퇴근해서 집으로 돌아오면 항상 몰래 숨어서 아빠를 놀래키는 장난기 많은 아이인데 오늘따라 웬일로 현관까지 뛰어

나와 반갑게 맞아준다. 그뿐 아니라 두 팔로 꼭 안아주기도 하고, 볼에다 뽀뽀까지 '쪽' 해주며 필살기를 사용한다. 뭐 갖고 싶은 게 있나? 아니면 혹시 잘못한 거라도 있는 걸까? 알 수 없지만, 이럴 때 보면 참 딸 같이 이쁜 아들이다. 씻고 잘 준비를 마친 후, 가족 모두 침대에 나란히 누웠다. 그런데 심각해진 아이에게서 느닷없이 질문이 '훅' 들어온다.

"아빠, 나 왜 낳았어?"

갑자기 어설프게 취한 술이 확 깼다. 평소에도 호기심 많고, 궁금한 게 많은 아이라 어떤 질문이라도 성실하게 답변해 주려고 노력하는 편이었지만, 오늘 질문만큼은 부모로서 아이에게 받은 질문 중 가장 어렵고 난해한 질문이라 선뜻 대답이 나오질 않았다. 한참을 생각했다. 아이는 도대체 왜 그런 질문을 했을까? 아이는 태어날 때부터 가지고 있던 심각한 알레르기 때문에 5살 때부터 경구면역치료를 시작했고, 어린아이가 감당하기 힘들 만큼의 고통을 겪어야 했다. 그런 아이의 입에서 나온 질문이라 더욱 그랬다. 더군다나 세상에서 제일 좋은 아빠가 되고 싶었던 나에게 던진 질문이라 고통스럽기까지 했다. 멘탈을 잡고 아이의 물음에 대답했다.

"응, 아빠가 우리 아들 만나고 싶어서 낳았지."

낳아줘서 고맙다는 뜻이라고 생각한다.

　하지만 아이는 대답도 듣기 전에 이미 꿈나라로 출발하고 아무런 응답이 없었다. 자려고 누웠지만 아이의 질문이 고장난 라디오처럼 계속 반복해서 내 주위를 맴돌았다. 과연 오늘 아이가 한 질문의 의미는 무엇일까? 평소 아빠·엄마 말도 안 듣고 투정만 부리는 나를 왜 낳았냐는 뜻인지? 알레르기가 심해서 이렇게 힘든데 왜 날 낳아서 이렇게 고생시키냐는 뜻인지? 별생각 없이 무심코 던진 질문일 수도 있지만, 궁금해서 잠을 이룰 수가 없었다. 사실 아이는 그 힘들다는 치료를 지금까지 단 한 번의 군소리도 없이 잘 따라주었던 기특한 아이였다. 다음 날 아침 일어나자마자 이번엔 내가 아이에게 물었다. "아들, 태어나 보니 엄마·아빠가 엄마·아빠라서 어때? "어젯밤 심각한 표정은 온데간데 없고 다시 해맑은 아이의 표정으로 "응, 좋아!"라고 말하며 부끄러운 듯 웃는다.

　그러더니 엄마와 아빠를 번갈아 가며 꼭 안아준다. 게다가 오늘 아침에는 혼자 씩씩하게 일어나 세수하고 양치까지 하더니 식탁에 앉아 차려 준 밥까지 깨끗하게 먹어 치웠다. 아이가 했던 어제의 질문에 정확한 의도는 알 수 없었지만, 생각컨대 '태어나서 엄마·아빠를 만난 것이 너무 행복해서 태어나길 잘했고, 나를 낳아준 엄마·아빠가 정말 고맙다.'라는 뜻이 아니었을까? 조심스레 결론을 내려 본다.

4.
알레르기 때문에 제대로 즐기지 못했다

삶의 중심이 바뀌었다.

아이가 태어난 후, 한 생명이 자라나는 그 경이로운 현상을 알레르기에 집중하느라 제대로 즐기지 못했다. 아마 그때부터 내 삶의 패턴은 일 중심에서 아이 중심으로 완전히 바뀌는 계기가 되었던 것 같다.

출근해서 근무시간 동안 선택과 집중을 통해 열과 성을 다하고 나면 퇴근 시간 후에는 아무 눈치도 보지 않고 칼처럼 퇴근했다. 일과가 끝나고 곧장 집으로 달려가도 마트에 들려 장을 보고 저녁을 준비해서 밥 먹이고, 씻기고, 재우는 그것만으로도 하루하루가 벅찼다.

어느날 문득 '나는 무엇 때문에 이 세상에 왔을까?'라는 질문을 스스로에게 던지며 자아 성찰의 시간을 가졌다. 공부하려고? 열심히 일해서 돈 벌려고? 결혼하고 아이를 낳아 좋은 아빠가 되기 위해서? 아마도 모두 아닐 것이다. 모르긴 해도 사람은 행복하기 위해 세상에 오지
않았을까? 그러나 직장에선 회사의 오너가 아닌 이상 다른 사람의 눈치를 보게 되고, 항상 시간에 쫓기며, 또 다른 누군가에게 빚을 지고 살아가게 된다. 그때 나는 처음으로 '땡돌이'가 되기로 결심했던 것 같다.

내가 부임한 이후 사무실 분위기도 완전히 바뀌었다. 퇴근 시간이 가까워지면 컴퓨터 전원을 끄고 책상에 납작 엎드려 벽에 걸린 시계만 쳐다보던 직원들이 먼저 움직이는 나의 뒤를 따라 하나둘 움직이기 시작했다. 그리고 주말이면 업무용 휴대전화 전원을 꾹 누르고 오로지 가족에게만 집중했다. 그러다 보니 어느 순간 사무실은 "퇴근 후에 가족들과 저녁으로 뭘 먹을까?", "주말에는 어디를 갈까?", "연가를 사용해서 해외여행이라도 한번 갈까?" 이런저런 이야기로 꽃을

피웠다.

　일과 가정의 균형을 맞추는 것은 말처럼 쉬운 일이 아니다. 그렇다면 어떻게 맞출 것인가? 직장생활에 마이너스가 되는 것은 사소한 현실의 문제이고, 내 삶에서 가장 중요한 것은 나와 가족이지만 우리들은 오늘도 끊임없이 직장 내에서 충성하며 살아간다. 일보다 늘 뒷전으로 밀려났던 가족, 가족이 없는 성공은 얼마나 공허할까? 그렇다고 나의 성공 뒤에 언젠가 마주해야 할 미래처럼 가족이 그 자리에서 나를 기다려 줄까?

가족의 행복에만 집중하기 위해 '땡돌이'가 되기로 했다.

　땡돌이가 될 결심에는 나의 성장배경도 영향을 미쳤다. 막 군대에서 제대했을 때였다. 당시 대한민국은 IMF라는 국가부도 사태를 겪고 있었고, 아버지는 회사에서 명예퇴직을 당했다. 갑자기 취직해야 할 만큼 선택지가 줄어든 나는 비교적 안정적인 경찰공무원을 선택했다. 1998년 6월 30일 한국 제2의 도시인 부산의 어느 한 마을에 첫 발령을 받았다. 당시 부산은 울산처럼 큰 공장이나 대기업보다는 소규모 가내수공업이 발달해 있었기 때문에 빈부격차도 매우 심했다. 현장에서 민생 치안을 담당했던 나는 IMF로 인한 어려운 사회현실을 더욱 가까이서 피부로 느낄 수 있었다.

　하루가 멀다고 파출소에 변사사건 신고가 접수됐다. 변사사건이란

사인이 명확하지 않은 사망사건을 말한다. 대부분 생계가 막막해지고 빚에 쫓겨 스스로 목숨을 끊은 젊은 가장들이었다. 한순간에 일자리를 잃은 가장들은 가족들을 먹여 살리기 위해 붕어빵이라도 팔아보겠다고 거리로 쏟아져 나왔고, 정부의 영유아 보호시설에는 먹고살기 힘들어 양육을 포기한 부모들이 버린 아이들로 가득했다.

돌연사나 사고사로 한 순간에 세상을 등진 사람들을 볼 때면 인생이 너무 허망하게만 느껴졌다. 한참 대학 캠퍼스에서 낭만을 즐기고 있을 나이에 너무 일찍 세상의 단면을 그리고 자세히 들여다보게 되었다. 그때부터였던 것 같다. 나는 행복하기 위해 세상에 왔고, 나에게 가장 소중한 것은 가족이며, 이 땅에 태어나고 떠나는 것은 혼자이지만, 그 시작과 끝을 함께 하는 것은 소중한 가족이라고. 인생의 어떤 요소보다 서로에게 가장 큰 영향을 주고받는 것이 바로 가족이다. 나는 그 가족의 행복에만 집중하기 위해 '땡돌이'가 되기로 한 것이다.

5.
육아휴직을 사용하겠습니다

매일 크는 아이에게 집중할 수 없었다.

20대 초반 이른 나이에 전쟁 같은 일터에서 마치 한 마리 경주마처럼 앞만 보고 달려왔다. 그땐 남들이 달리는 방향으로 빨리 달리기만 하면 되는 줄 알았다. 제일 앞서 달리지는 못해도 한 마리라도 더 따라잡으려고 애를 써가며 살아왔다. 그렇게 쉼 없이 달려오다 마침내 일시 정지를 눌렀다. 얼마쯤 왔을까? 잘 가고 있는 걸까? 혹시 다른 길은 없을까? 잠시 멈춰 서서 그동안 걸어온 길을 뒤 돌아보며 문득 생각에 잠겼다.

요즘은 100세 시대라는 말을 많이 하지만 갑자기 나에게 내일이 없을지도 모른다는 의문이 들기 시작했다. 인간의 삶이 무한하다면 맘대로 살겠지만, 가장 확실한 건 인간은 모두 사라진다는 것이고, 더 확실한 건 언제 사라질지는 아무도 모른다는 것이다. 갑자기 일분일초가 소중해진다. 그래서 처음인 듯 마지막인 것처럼 살기로 했다.

인생사 모든 것이 마음먹기 나름 아닐까? 멈추고 돌아 보니 앞만 보고 걸을 때는 보이지 않던 것들이 하나둘 보이기 시작했다.

인간관계도 하나둘 정리가 된다. 인생의 의미와 목표도 분명해진다. 승진과 보직에 목을 매던 시절, 인생에 가장 많은 에너지와 시간을 쏟았던 그 시간도 이제 마음에 힘을 뺄 때가 된 것 같다. 끝까지 나에게 주어진 이 삶을 무탈하게 잘 살아내기 위해서는 꼭 필요한 일이다.

직장생활에서 남들보다 승진을 좀 더 빨리하겠다고 퇴근하면 곧바로 회사 근처의 도서관으로 달려가던 때가 있었다. 주말에도 아내에게 아이를 맡겨 놓고 가방 하나 둘러메고 집 밖을 나설 땐 발걸음이 떨어지지 않을 때가 많았다. 도서관이 문을 닫는 정기 휴무일에는 아직 어린 아이를 피해 몰래 작은방 문을 걸어 잠그고 공부를 하다가 어떻게 알았는지 아빠랑 놀고 싶다고 문고리를 잡고 울며불며 매달리는 아이의 모습이 아직도 눈에 선하다.

아내에게도 미안한 건 마찬가지였다. 똑같이 직장생활을 하는데 혼자만 하는 육아를 강요했으니 말이다. 더군다나 아이는 음식 알레르기 때문에 신경 쓸 것도 많았지만 손이 제일 많이 갈 때였다. 공부를 하는 3년 동안 하루도 마음 편할 날이 없었다. 가족과 함께하지 못해 미안한 마음이 파도처럼 밀려들었다. 정말 가슴 아팠던 건 밤늦게 집으로 들어와 이미 잠들어 있는 아이가 깰까 봐 조심스레 발이라도 만져보니 이게 아내의 발인지 아이의 발인지 구분이 안 될 만큼 많이 자란 모습을 보고, 하루가 다르게 크는 아이를 제대로 눈에 담을 수 없어 가슴이 아팠다.

오로지 아이의 행복에만 집중했다.

도대체 나는 무엇 때문에 이 공부를 하는 걸까? 시작도 힘들었지만 그만두기는 더 힘들었다. 하지만 이대로 시간이 흐른다면 나중에 더 크게 후회할 것만 같았다. 그길로 공부를 접었다. 다시는 쳐다보지 않으려고 그동안 사 모았던 수험서를 모두 아파트 분리수거함에 쑤셔 넣기까지 했다. 그리고 사랑하는 아이와 가족에게 '시간'을 선물로 주기 위해 육아휴직을 선택했다.

TV 보면 요즘 아빠들의 육아 휴직률이 점차 늘어나는 추세라지만. 아직 직장에서 "육아휴직을 사용하겠습니다."라는 말이 쉽게 나오지 않는 게 사실이었다. 육아휴직이 자연스럽고 당연해지는 날은 아직 오지 않은 듯했다.

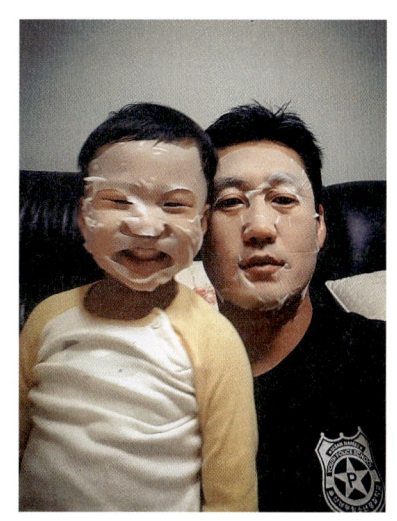

육아휴직이 나를 공포영화만큼이나 놀라고 무섭게 만들었던 것은 따로 있었다. 휴직 중 첫 번째 수당(월급)을 받았을 때였다. 이것저것 떼고 나니 90여만 원이 나왔다. 이전까지 월급을 받으면 숨만 쉬어도 빠져나가는 돈이 수백만 원이 넘었는데 이걸 가지고 어떻게 한 달을 살아갈까? 일찍 취업해서 지금까지 많이 벌진 못했지만 크게 돈에 구애받지 않고 살다가 처음으로 돈에 벌벌 떨어봤다.

마트에 가서 장을 볼 때면 콩나물 가격 하나도 비교하며 사게 되었고, 덥석덥석 주워 담던 아이스크림 판매대는 쳐다보지도 않았다. 또 생각 없이 마시던 커피 한 잔도 100원이라도 싼 곳을 찾았고, 배달음식은 아이 때문에 어쩔 수 없이 먹게 되더라도 배달료를 아끼려고 직접 매장에 가서 포장을 해왔다.

그제야 그동안 아빠들이 왜 육아휴직을 망설였는지 가슴으로 느끼게 되었지만, 시간이 있으면 돈이 없고, 돈이 있으면 시간이 없는 법. 지금까지 살면서 시간과 돈이 다 있었던 적이 있었던가? 그때부터 나에게 주어진 이 황금 같은 시간을 오로지 아이에게만 집중하기로 결심했다.

6.
어떤 상황이라도 아빠라면

아빠 놀아줘, 드디어 올 것이 왔다.

아이가 아빠란 존재를 알게 되고, 말을 하기 시작하면서 제일 먼저 아빠에게 요구했던 말이 "아빠, 놀아줘."였다. 드디어 올 것이 왔다.

《아이가 똑똑한 집은 아빠부터 다르다》의 저자 김영훈 교수는 책에서 아빠가 아이와 놀아주는 것이 아이의 인격 형성에도 큰 영향을 미치며, 아빠는 아이의 한평생 모델이고, 아빠의 사고방식이나 일하는 태도, 가정에서의 모습 등을 보고 인간으로서 기본적으로 갖추어야 할 사고방식이나 행동 등을 배우면서 인격을 형성해간다고 했다.

강북삼성병원 소아정신과 신동원 교수는 일반적으로 아빠는 아이

와 놀아주는 방식이 엄마와 차이가 있고, 아빠가 적당한 선에서 아이를 과격하게 다루며 놀아줘야 자녀의 두뇌가 균형 있게 발달한다고 말했다.

아빠들도 아이와 놀아주는 것이 유익하다는 것을 잘 알고 있다. 하지만 대부분의 아빠는 가부장적이고 무뚝뚝한 아버지 밑에서 자란 탓에 아이들과 도대체 어떻게 놀아줘야 하는지 잘 모르겠다고 이야기한다. 100% 공감이 가는 말이다. 나도 처음에는 날 닮은 이쁜 아이와 도대체 어떻게 놀아줘야 할지 막막하기만 했다.

그렇다면 과연 아빠는 아이와 어떻게 놀아줘야 할까? 그래서 나는 조금 다르게 생각하기로 했다. 아빠가 아이와 놀아주는 것이 아니라 아이가 아빠와 놀아주는 것이라고 말이다. 아이와 함께 있으면 웃음이 전염되고, 순수한 마음은 정수기 필터처럼 나를 정화했다. 때로는 나도 다시 아이가 된 것 같은 착각을 하기도 했고, 어린 시절 추억들이 하나둘씩 소환되기도 했다. 아빠만 추억을 만들어 주는 것이 아니라 아이 또한 나에게 새로운 추억을 만들어 주었다.

나의 상황과 자녀의 존재가치는 별개

내가 살고 있는 곳은 동해 남부를 달리는 기차역과 비행기가 뜨고 내리는 공항이 있다. 그리고 소똥 냄새 나는 축사에서는 시골의 향수를 느낄 수 있었고, 벼농사가 한창인 밭에서는 매년 계절의 변화를 느낄 수 있었다. 걸어서 10분 거리에는 호수 공원이 서쪽으로는 편백나무로 둘러싸인 천마산이 버티고 있어 아이들의 감성을 자극하고 자연과 하나가 되어 함께 놀기 딱 좋은 최적의 장소였다. 여기에 아빠의 관심과 노력이 더해지니 이곳은 마치 아이와 놀기 좋은 하나의 커다란 놀이동산과도 같았다.

산은 꽃 피는 봄이 오면 노란색 옷에 분홍색 신을 신고, 흰색 모자를 써가며 마치 패션쇼라도 하듯이 옷을 갈아입고, 5월이면 아카시아 꽃 향수까지 뿌려댔다. 매년 이맘때가 되면 산이나 들로 꽃향기를 마중 가거나 잔잔한 호수 주변을 하염없이 걸었다, 걷다가 길가에 핀 민들레 홀씨를 입으로 '후' 불어 보기도 하고, 풀숲에 주저앉아 행운을 가져다준다는 네잎클로버를 하염없이 찾거나, 토끼풀로 반지를 만들어 끼워 보기도 했다. 여름이면 채집통을 들고 잠자리를 잡겠다고 이리저리 뛰어다니고, 비가 오면 논두렁에서 시끄럽게 울어대는 개구리를 관찰했다.

가을이면 산에 올라 계곡물에 발을 담그고, 하루 종일 돌 밑에 숨은 가재를 잡기도 하고. 알록달록 색이 변한 낙엽을 발로 밟아 보기도 했다. 내려오는 길엔 사람들이 쌓아 놓은 돌탑에 조심스레 작은 돌 하나 얹으며 소원도 빌어보고, 가까운 교외로 캠핑을 떠나 불을 피우고 멍 때리다 별을 보며 잠들기도 했다. 추운 겨울이나 날씨가 좋지 않을 때는 과학관에서부터 생태 체험관, 안전 체험관, 역사관, 박물관, 도서관에 이르는 실내로 이동했다. 아빠가 조금만 관심을 가지니 집주변은 1년 365일 온통 아이와 함께 놀 것들로 가득 차 있었다. 자연은 사계절 다양한 얼굴을 하고 언제나 두 팔 벌려 아이들을 기다리고 있었다.

초등학교 교사로 일하는 후배는 평소 많은 아이를 지켜보는데 아빠의 부재로 인해 함께 놀아보지 못한 아이들이 노는 법을 몰라 조금만 건드려도 과민하게 반응하고 그런 성격 탓에 다른 아이들과 쉽게 어울리지 못해 따돌림의 대상이 되기도 한다고 했다. 또 아빠의 적절한 보살핌이 없다 보니 엄마에게 의존적으로 성장하거나 충동 조절이 잘되지 않아서 공격적인 성향을 보이기도 한단다. 또 한 언론에서는 아빠가 놀아준 아이들은 남아는 남자답게, 여아는 여아답게 자라고, 창의적인 놀이를 즐기며 호기심이 계속되고, 다양한 세상을 경험하고 싶어 하며, 장래 희망이 구체적이라고 한다.

살다 보면 부모의 상황은 항상 바뀔 수 있다. 우리처럼 생각지도 못하게 아이를 늦게 만나게 되거나 선택하지도 않은 알레르기와 마주칠 수도 있다. 때로는 갑자기 건강을 잃을 수도 있고, 직장을 그만두게 될 수도 있다. 하지만 어떤 상황에서 아이를 키우더라도 아빠가 되었다면 나의 상황과 자녀의 존재가치는 전혀 별개가 아닐까? 그런 의미에서 시간이 없다거나 어떻게 놀아줘야 할지 모르겠다는 말은 모두 핑계일 뿐이다. 집 앞 타이어 가게의 간판에 적힌 글귀처럼 핑계 대지 말자.

"핑계로 성공한 사람은 오로지 가수 김건모뿐이다."

7.
요리학원에 등록했다

나는 매일 아침 메뉴를 검색한다.

아이가 학교에 다니기 시작하면서부터 아침을 든든하게 먹여서 보내라는 말을 주변에서 자주 들었다. 활동량이 많은 아이들이 아침을 굶고 학교에 가면 금세 허기가 지고 점심시간까지 시간 차가 크기 때문에 오전 내내 학업에 집중하기 힘들다는 것이 이유였다. 그래서 아이의 아침밥을 내가 직접 챙겨야 하겠다고 마음먹은 후, 여러 가지 고민에 빠졌다.

첫 번째 고민은 아이가 아침에 늦게 일어나는 습관이었다. 아침에 일찍 일어나기 위해서는 밤에 일찍 자야 하는데 아무리 시간을 쪼개고 부지런히 움직여도 밤 10시 안에 재우기가 힘들다. 그러니 아침에 일어나는 시간도 자연스레 늦어지고 식탁에 앉아도 입맛이 없으니, 음식을 입에 물고만 있게 된다.

두 번째는 아침 메뉴에 대한 고민이었다. 아침에 부족한 시간도 문제였지만, 어떻게 하면 아이가 잘 먹을 수 있을지, 메뉴가 더 큰 고민이었다. 더군다나 아이는 알레르기 때문에, 음식에 대한 제한이 많다 보니 메뉴 선택에도 어려움이 많았다. 아이가 좋아할 만한 메뉴를 찾아 인터넷도 검색하고 도서관에 가서 관련된 책도 읽어보지만 아이는 아직 맛보다 모양이 더 중요한 것 같았다. 호기심을 자극해서 먹어보고 싶게 만드는 것이 우선이었다.

세 번째 고민은 아내와 다른 식사 습관이었다. 아내는 배가 고파야 먹고, 먹어도 대충 끼니만 때우는 데 반해 나는 삼시세끼를 제때 맞춰서 잘 차려 먹어야 했다. 특히 주말이나 휴일 아침에는 아침밥을 꼭 챙겨 먹어야 하는 나와 잠을 더 자고 싶은 아내 사이에 갈등을 겪기도 했다.

이런저런 고민에도 불구하고 내가 아침밥을 챙겨야겠다고 생각했던 가장 큰 이유는 바로 알레르기 때문에 가려워서 밤잠을 설치는 아이, 그런 아이가 엄마의 머리카락에 집착하는 바람에 함께 잠을 못 이루는 아내를 위해 내가 할 수 있는 일을 찾기 위해서였다. 사정이 이렇다 보니 내가 아침밥이라도 챙겨야 아내에게 충분한 수면시간을 보장해 줄 수 있었다.

메뉴가 바닥났다, 뭐 좋은 방법이 없을까?

아침밥을 챙기기로 했지만 실제로 해보니 쉽지 않았다. 매일 아침 메뉴를 검색해도 평소 안 하던 음식 솜씨는 좀처럼 늘지 않았고, 몇 안 되는 요리가 반복되자 아이도 아내도 금세 싫증을 느꼈다. "에잇! 또야?" 이젠 나도 메뉴가 바닥이 났다. 좋은 방법이 없을까?

육아휴직 기간 동네 요리학원을 알아봤더니. 때마침 두 달 동안 생활에서 응용이 가능한 총 12가지의 요리를 매주 2가지씩 배울 수 있는 혼합생활 요리 강의가 개강했다. 나는 학원에 등록했고, 매주 요리 수업이 있는 날이면 아내와 아이가 더 크게 기대하고 있었다.

아빠의 노력이 가상했는지 아이도 조금씩 변하기 시작했다. 아침 일찍 일어나 메뉴가 뭐냐고 묻기도 하고, 때론 식탁에 미리 앉아 기다리기도 했다. 때로는 요리하는 나의 뒤에서 아무 말 없이 꼭 안아주기도 하고, 다 먹은 빈 그릇을 설거지통에 넣으면서 "잘 먹었습니다."라고 말하기도 했다. 무엇보다 아이가 맛있게 잘 먹었을 때의 보람이 가장 컸다.

보통 아이들이 아빠보다 엄마와 더 친한 이유는 엄마들이 아이를 위해 설거지와 요리를 하기 때문이란다. 요리를 배우면서 아침뿐 아니라 저녁 식사도 자주 챙기게 되면서 가족과 훨씬 더 가까워진 느낌이다. 그런 점에서 요리를 배우기로 한 건 참 잘한 일이다.

8.
공부 자립을 위한 아빠의 역할

새로운 인류, 알파 세대

동네에 도서관이 새로 생겨 아이와 놀러 갔다가 눈에 띄는 책 한 권을 발견했다. 노가영 작가가 쓴 《새로운 인류 알파 세대》라는 책이다. 책 속에서 말하는 알파 세대란 2010~2024년 사이 출생한 아이들을 말하는데, 21세기에 태어난 첫 세대로 태어나자마자 스마트폰을 손에 쥐었다. 검색포털도 유튜브도 아닌 챗 GPT로 궁금증을 해결하는 이들은 완전히 새로운 인류라고 한다. 베이비붐 세대의 부모님을 둔 나는 X세대, 아내는 밀레니엄 세대, 그사이에 태어난 아이를 요즘 사람들은 알파 세대라고 부른다.

인구는 자꾸 줄어드는데 왜 이렇게 세대를 자꾸 나누는 걸까? 가장 중요한 이유는 바로 각각의 다른 차이를 인정해서 갈등을 줄여보자는 데 있었다. 그렇다면 우리 아이들이 주도하게 될 2030~2040년은 어떤 세상일까? 아마 로봇으로 대체가 가능한 직업은 대부분 사라질 것이고, 늘어나는 수명과 급변하는 사회 구조상 평생 적어도 4~5개의 직업을 가지게 될 것이다. 변화된 환경은 집과 차도 빌려서 쓰는 날이 올지도 모를 일이다. 대학은 시대의 흐름을 따라가지 못할 것이고, 세계 대형 회사들은 이미 학력 제한을 철회했다. 최근에는 챗GPT라는 대화형 인공지능의 등장과 함께 변화가 불가피해졌지만, 각계각층에서는 아직 정확한 진단이 어려워 여러 가지 추측만 난무하고 있다. 각자가 앞으로 겪게 될 변화에 떨고 있는 것이다.

우리는 과연 제대로 가고 있는 걸까? TV를 보고 있는데 어느 교육 전문가의 말이 계속 귓가를 맴돌았다. 방학이나 주말을 이용해서 틈틈이 한국사나 미술, 한자를 공부해야 나중에 수행평가에서 좋은 성적을 받을 수 있고, 평소에 초등학교 1학년은 하루 1시간, 6학년은 6시간, 중학교 1학년은 7시간, 이런 식으로 고등학생은 하루에 평균 10시간씩을 공부해야 SKY 대학에 보낼 수 있다고 말한다. 그리고 지금, 이 시각을 허투루 보내면 나중에 정말 후회한다는 말도 잊지 않았다.

아이에게 어떤 교육이 필요할까?

방송하는 것을 보고 있자니 마음이 답답해졌다. 전문가의 말대로 하루 종일 공부만 해서 SKY 대학을 가는 것이 과연 정답일까? 혹시 MZ 세대에 맞춰진 시대에 덜 떨어진 교육은 아닐까? AI와 경쟁해야 할 알파 세대들에게 이런 방식의 교육이 과연 맞는 걸까? 스마트폰을 가지고 놀며 온라인 게임이나 메타버스 세상에서 자라 온 알파 세대를 가상 세대라고 부르기도 한다. 이렇게 교육과 문화, 일자리와 직업에서부터 삶의 행복과 가치관에 이르기까지 모든 것이 바뀌는 대전환과 대변화의 시대, 다양성이 핵심인 사회, 평균이 사라진 사회, 누구나 개성을 발휘하며 살아갈 수 있는 역동적인 미래 사회에서 우리 아이들이 주인공으로 살아가려면 어떤 사람으로 자라야 할까? 어떤 자질을 갖추어야 할까? 어떤 직업을 가져야 할까?

우리는 답을 찾기 위해 아주 오랫동안 고민하고, 전문가에게 자문하며 육아와 관련된 도서들을 닥치는 대로 읽는 과정을 겪었지만, 지금까지 속시원한 해답을 찾지 못했다. 하지만 끝을 알 수 없는 여러 개의 미로 속에서도 우리는 그냥 제자리에 멈춰 있을 수만은 없어 우선 가까운 길부터 하나씩 가 보기로 했다.

첫 번째는 현실을 반영한 학교에서의 공교육을 믿고 성실하게 따라가는 것이다. 학교는 공부만 배우는 것이 아니라 나와 다른 남과 함께 어울려 살아가는 작은 사회를 배우는 곳이다. 아무리 시대가 변해도 사람은 사회를 떠나서는 절대로 살아갈 수 없기 때문이다.

두 번째로 우리가 집중하는 것은 바로 알파 세대를 스스로 사고하는 아이로 키우기 위한 '공부 자립'이다. 흔히들 초등학교 시기를 공부 자립의 힘을 기를 수 있는 골든타임이라고 말한다. 그리고 아이의 공부 자립은 오로지 부모에게 달렸다고도 한다. 그래서 어떠한 변화에도 흔들리지 않는 학습 역량을 위해 아빠가 할 수 있는 역할을 찾아 나섰다.

9.
아이의 재능을 찾아서

아이와 함께 할 목록을 만들고 또 지운다.

나는 매일 아이와 함께 할 목록을 만들고 또 지운다. 가끔은 아이가 직접 목록을 작성할 때도 있다. 리스트에 작성된 목록들이 하나둘 쌓여 갈수록 지워지는 추억도 그만큼 쌓여 갔다.

아이가 세상에 처음 두 발로 섰을 때 느꼈던 감동처럼, 언젠가 아름다운 자전거 길을 함께 신나게 달려보는 경험을 하고 싶어 막 걷기 시작한 아이를 데리고 발로 지면을 차는 방식의 균형 자전거를 시작으로 네발자전거를 지나 두발자전거를 거쳐 오르막길을 달리는 기어 변경 자전거에 이르기까지 자전거를 가르쳤다. 이제는 국내 유명

자전거 길을 신나게 달려보는 목록만이 남았다. 아이와 함께 마라톤 풀코스 완주를 통해 커다란 성취감을 느껴 보고 싶어, 주말 아침이면 가까운 동네 걷기대회부터 시작해서 지역을 대표하는 5km 마라톤 대회에 참가했다. 함께 땀 흘려 뛰다 보면 긍정적인 사고뿐 아니라 건강한 정신과 육체를 얻게 된다. 이제는 10km 거쳐 하프와 풀코스에 도전하는 목록도 작성했다.

날씨가 선선해지면 매년 동네 앞산부터 시작해서 울산의 12경 중에 하나로 영남 알프스라 불리는 간월재에 오른다. 가을철 억새 군락지로도 유명한 곳으로 선선하게 불어오는 바람을 느끼며 이국적인 풍경을 바라보고 있자면 지치고 힘든 일상을 잠시 잊게 만든다. 내친김에 아이와 함께 우리나라 3대 명산인 설악산, 지리산, 한라산에 올라 보고 싶은 목록도 추가했다.

그 밖에도 몽골의 넓은 초원에서 말을 타고 광활한 대자연을 맘껏 달려보기, 세계 5대 다이빙 포인트 중 하나인 필리핀 보홀에서의 다이버 자격증 도전하기, 세계 3대 패러글라이딩 명소인 튀르키예 페티예에서의 점프 등 하루가 다르게 크는 아이와 함께 목록들을 만들어 상상의 나래를 펼치고, 또 하나씩 이루어 가는 과정은 아이에게 더욱 집중하는 계기가 되었고, 무엇보다 아이가 커가는 과정을 가까이서 지켜볼 수 있다는 것이 가장 큰 행복이었다.

아들, 넌 뭘 할 때 제일 행복하니?

내가 목록에 집착하는 또 다른 이유는 여러 가지 새로운 도전과 다양한 경험을 통해 아이에게 재능을 찾아주고 싶었다. 무엇을 할 때 제일 행복한지 시간 가는 줄 모를 만큼 몰입한 적은 없는지 말이다. 나의 어린 시절 축구공만 있으면 아주 오랫동안 즐겁게 놀 수 있었던 기억이 난다. 해가 지고 아이들이 모두 떠난 후에도 혼자 벽에다 지칠 때까지 공을 찰 정도로 몰입하기도 했다. 축구선수가 꿈이었지만 배우고 싶어도 가르쳐 주는 곳이 없어 시작도 해보지 못하고, 포기하는 법을 먼저 배웠던 것 같다. 그런 아쉬움은 박지성이나 손흥민 선수가 경기장에서 멋지게 활약하는 모습을 볼 때나, 월드컵 같은 국제적인 경기에서 휘날리는 태극기를 볼 때마다 불쑥불쑥 올라왔다. 아이에게는 그런 아쉬움을 남겨주고 싶지 않았다. 오로지 아이의 행복에만 집중했다.

그러나 아빠의 마음과 달리 아직 표현이 서툴기만 한 아이가 아빠와 함께하는 시간을 어떻게 생각하는지 궁금했다. 무작정 아빠 손에 이끌려 따라만 다니는 건 아닌지, 아이도 즐거움을 느끼고 있는지, 과연 아이는 아빠를 어떻게 생각하고 있는지 궁금했다.

그러다 아이가 학교에서 그려 온 그림 한 장을 보게 되었다. 하루 종일 정성스럽게 그린 그림 속에는 나무가 있는 숲속에 잠자리채를 든 두 사람이 서 있었다. 아마도 그림 속의 두 사람은 곤충채집을 하고 있었던 것 같았다. 나비와 매미도 보이고 잠자리와 개미도 보였다. 무척 즐거웠는지

두 사람의 입은 굉장히 빨갛고 눈은 엄청나게 크게 그렸다. 알고 보니 매주 금요일에는 한 주 동안 가장 즐거웠던 기억을 그림으로 그려 보는 시간이 있었는데 아이는 그때마다 아빠와 함께했던 시간을 그림으로 그리고 있었다. 그 후론 아무 말 없이 아이가 매주 그려 오는 그림을 유심히 바라보며 흐뭇한 아빠 미소를 짓게 되었다.

10.
공짜로 아이를 똑똑하게 만드는 법

코로나는 서로에게 더 집중하게 했다.

아내가 임신을 하자 주변에서 "아들이야? 딸이야?"라는 질문을 받기 시작했다. 그때마다 내 대답은 항상 같았다. "아들이든 딸이든 상관없이, 건강하게만 태어났으면 좋겠다."라고 말이다. 어차피 내가 선택할 수 있는 문제도 아닌데 사실과 다른 결과로 미리 실망할 필요가 없었기 때문이다.

하지만 아들인지 딸인지에 따라서 아이와 꼭 함께 해보고 싶은 것은 있었다. 만약 딸이라면 같이 영화도 보고 맛있는 것도 먹으며 둘만의 데이트를 즐겨보고 싶었고, 아들이라면 대중목욕탕에서 등도 밀어주고, 목욕 후에는 삶은 달걀에 바나나 우유를 마시고 싶었다. 알고 보면 은근히 딸보다 아들을 더 원했는지도 모르겠다. 이런 마음이 통했는지 찾아온 아이는 나를 꼭 닮은 아들이었다.

늦은 나이에 어렵게 만난 아이를 목욕탕에 갈 만큼 키웠더니 세상에 코로나라는 무서운 전염병이 찾아와 대중목욕탕은커녕 집 밖으로의 외출도 힘들어졌다. 하지만 코로나가 무조건 나쁜 것만은 아니었다. 좁은 집 안 욕조에서 이틀에 한 번씩 함께 목욕했던 경험은 엄마보다 아빠와 씻는 걸 더 좋아하게 되었고, 가족 모두 동시에 확진되어 자가격리를 하는 기간에는 하루 종일 집에서 뒹굴며 오로지 서로에게만 집중할 수 있는 소중한 시간도 가졌다.

힘닿는 데까지 업어주고 안아줘야지.

아이를 업고, 안을 때마다 아이의 피부가 나의 피부에 닿을 때 그 따뜻한 느낌은 피부뿐 아니라 마음까지 서로 따뜻하게 이어지는 듯했다. 대체로 엄마들이 아빠보다 아이와 더 끈끈한 것은 타고난 모성애 때문이기도 하지만 아이와 함께한 신체 접촉 때문이기도 하다. 그래서 나는 무조건 힘닿는 데까지, 업어주고, 안아주겠다고 다짐했었다. 아이가 자라면서 점점 힘에 부치기도 하고, 때로는 때와 장소를 가리지 않는 요구에 당황스럽기도 했지만 업어주고 안아주는 시간도 그리 길지 않다고 생각하니 한 번이라도 더 안아주려고 애를 썼던 것 같다.

또 이사를 하면서 제일 먼저 침대를 바꿨다. 가족 모두가 함께 잘 수 있도록 커다란 크기의 패밀리 침대를 구입했다. 사람 중에는 자녀와 떨어져야 자신도 아이도 잘 잔다고 생각하는 사람도 있고, 옛날 어른들은 아이의 정서적 자립과 원만한 부부생활을 위해서는 아이를 따로 재워야 한다고 충고하지만, 나는 매일 가족과 함께 자고 일어나고 싶어 패밀리 침대를 선택했다.

언제가 될지는 모르지만, 아이가 독립해서 혼자 자고 싶어 할 때까지 매일 밤 아이를 팔에 끼고 볼 뽀뽀를 받으며 "엄마·아빠의 보물, 사랑해, 잘자!"라는 말과 함께 잠들고 싶었다. 요즘 들어 조금씩 뜸을 들이긴 하지만 아직도 여전히 "아빠, 뽀뽀!" 하면 언제나 '쪽'하고 입을 맞춰주는 사랑스러운 아이다. 한 번은 아이에게 "언제까지 뽀뽀해 줄 거야?"라고 물었더니 중학교 1학년 때까지는 해주겠단다. 믿어야 할지 말아야 할지 알 수는 없지만 기분이 매우 좋았다.

심리학자 안느 바커스는 부모와 아이의 신체 접촉이 체중 증가와 신체 건강, 두뇌 발달에 직접적으로 도움이 된다고 전했고, 또 다른 연구 결과에 따르면 부모가 아이를 꼭 안아줄 때 분비되는 옥시토신이라는 호르몬은 아이들의 지능 발달에도 큰 영향을 미친다고 말했다. 돈 한 푼 안 들이고 아이를 똑똑하게 만드는 최고의 방법이 바로 스킨십이다.

11.
사교육보다 더 훌륭한 자녀 교육법

직장 후배가 갑자기 강원도로 떠났다.

후배가 갑자기 가족들을 모두 데리고 강원도로 떠났다. 며칠 여행을 다녀오는 줄 알았는데 강원도로 인사 발령까지 났다. 우리 직장은 한 번 발령이 나면 특별한 사유가 없는 한 최소한 1~2년은 지나야 다시 인사 발령의 대상이 된다. 울산에 있는 집을 처분하고 강원도로 전셋집을 얻어 이사까지 했다. 무슨 사정이 있는 걸까? 왜 하필 강원도야? 산 좋고, 물 좋은 강원도로 요양이라도 가는 걸까? 하지만 동료는 아직 한 참 공부시키고 돌봐야 할 초등학생 자녀가 두 명이나 있었다.

오랜만에 안부도 물을 겸, 궁금해서 전화를 걸었다. 평소 같으면 직장 후배와의 통화는 길어야 3분이지만 오늘따라 대화는 1시간이나 계속 이어졌다.

"강원도로 왜 갔어?"

동료는 같은 질문을 여러 번 받았는지, 망설임 없이 자신의 이야기를 풀어 놓기 시작했다. 통화 속 목소리에서는 자신의 결정에 대한 확신과 앞으로의 근황에 대한 자신감이 묻어 있었다. 처음 자신이 강원도로 가겠다는 말을 꺼냈을 때, 가족이나 지인들은 하나 같이 뜯어 말렸지만, 지금은 모두 자신을 부러워한다고 말했다.

내가 제일 궁금했던 건 바로 아이들 교육 문제였다. 사교육이 판을 치고, 아이들에게 조금이라도 좋은 환경을 만들어 주고 싶어 학군 좋은 동네로 대출까지 내가며 이사를 하는 현실인데, 한참 교육이 필요한 아이들을 데리고 강원도로 이사를 가겠다니 도대체 무슨 연유일까? 처음엔 자신도 부모로서 당연히 걱정을 많이 했지만, 자녀의 교육 방향에 대한 확신이 생긴 후부터는 더 이상 불안하지 않았다고 했다.

"형님, 우리나라 사교육이 오히려 아이들을 망치고 있어요. 아이들이 부모에게 의존하는 시간은 그리 길지 않은 데 함께 시간을 보내며 좋은 추억을 쌓을 시간을 사교육이 모조리 빼앗고 있어요. 맞벌이를 해서 사교육비로 다 들어가니 정작 인생을 즐기지도 못하고 노후를 걱정해야 하는 것이 우리나라 엄마·아빠들의 현실이에요. 저는 맹목적으로 주변 사람들이 보내는 사교육 리스트를 따라 하며 짧은 인생을 허비하고 싶지 않아요. 강원도로 가면 아이들에게 학교에서 하는 방과후수업 외에는 학원을 보내지 않을 생각입니다. 사교육 대신 물 좋고, 공기 좋은 곳에서 가족과 함께 온종일 시간을 보내며 산으로 들로 돌아다니며 자연도 관찰하고, 물고기도 잡고, 하염없이 물멍도 때리면서 즐겁고 여유롭게 살고 싶어요."

후배는 "비록, 우리가 제어할 수 없는 일들이 있지만 우리는 그에 대한 태도를 선택할 수 있다."라는 비크토 프랑클의 말을 직접 실천하고 있었다. 어쩌면 인생을 살아가는 데 필수적인 교육은 국영수가 아닐 수도 있는데 대부분은 사람들이 많이 가는 쪽을 맹목적으로 따라가고 있다.

남들따라 숙제하듯 하는 공부, 학원과 대학만 먹여 살려

후배는 사교육보다 더 훌륭한 자녀 교육 방법으로 '독서'를 꼽았다. 그리고 확신에 차 있었다. 지금은 역사 속으로 사라졌지만, 경찰에는 한때 군 대체복무의 일종인 의무경찰이란 제도가 있었다. 후배는 의

무경찰을 관리하는 부서에 근무한 적이 있었는데 대원 중의 한 명이 생일선물로 어머니에게 책 한 권을 선물하는 것을 보게 되었다. 그 모습을 보고 부모가 자녀에게 독서의 소중함을 저렇게 교육했구나 라는 생각에 자다가 갑자기 불을 켜는 눈부심을 느꼈다고 한다.

의무경찰 부대는 대원들뿐 아니라 경찰대학을 졸업한 후, 군복무 대체를 위해 대원들을 관리하는 소대장으로 근무하기도 했는데 이들 중에는 고등학교 내신에서 1등급을 받을 만큼 성적이 우수했지만, 집안 형편이 좋지 않아 학비가 많이 들어가는 의대 대신 국립경찰대학을 선택한 직원들도 있었다. 후배는 그런 직원들을 보면서 어려운 환경에서도 공부를 잘할 수 있었던 이유가 바로 어릴 때부터 쌓여 온 독서습관 때문이라는 사실을 깨달았다고 했다. 그때부터 책 속에 모든 답이 있다고 결론을 내렸다.

이전까지 독서 능력이 단순히 문해력을 향상해 문제를 잘 읽고, 답을 잘 찾을 수 있는 능력이라고 생각했다면, 이제는 독서로 급변하는 시대에 자신의 꿈과 미래를 스스로 개척하며 어려운 취업 환경을 뚫고, 자신만의 삶을 찾을 수 있는 유일한 돌파구라고 생각하게 된 것이다. 그래서 동료는 강원도로 간 후에도 따로 사교육을 시키진 않았지만, 매일 저녁 식사 후 온 가족이 거실 테이블에 모여 책을 읽는 시간과 주말마다 지역 도서관을 하나씩 투어하는 것만큼은 꼭 지켰다고 한다. 그런 확신이 결국 가족들을 데리고 강원도로 떠나게 했다.

　일부 언론에서는 앞으로 우리 자녀들이 살아갈 세상은 좋은 대학만 나오면 취업이 보장되거나 대학이 곧 스펙이던 시대는 끝났다고 말한다. 지금도 지방의 국립대학이나 서울의 일부 대학에서 정원 미달 사태가 벌어지고 있고, 일부 학생들은 대한민국 최고의 대학이라 불리는 SKY를 버리고 취업을 위해 지방으로 내려와 의대에 편입하는 것만 봐도 충분히 짐작할 수 있는 대목이다. 이제 뚜렷한 목적 없이 남들 따라 숙제하듯 입시를 위해 공부를 한다면 학원과 대학만 먹여 살리는 꼴이 될 수도 있다.

　자신의 삶을 스스로 선택하고, 그 삶에 투자하는 것이 훨씬 더 가치 있는 삶이 될 것이다. 그런 힘을 단련하기 위해서는 어려운 문제에 부딪혔을 때 스스로 해결해 나가는 독서라는 과정은 꼭 필요하다. 머리로는 이해하고 있었지만, 동료를 보면서 다시 한번 가슴으로도 이해하게 되었다.

12.
독서 습관을 물려준 네 가지 방법

언론에서 어린아이들을 교육하는 초등학교 교사들을 대상으로 설문 조사를 한 적이 있었다. "아이들을 교육하면서 제일 후회되는 일이 있다면 무엇이냐?"는 물음에 가장 많은 교사가 독서에 좀 더 많은 시간을 부여하지 못했던 점이 아쉬웠다고 답했다. 독서가 자녀 교육에서 중요하다는 사실은 이미 누구나 다 알고 있다. 그렇게 좋은 책을 어떻게 하면 아이들에게 많이 읽힐 수 있을까?

첫 번째는 아빠가 먼저 책을 읽었다.
자신은 책 한 권 읽지 않고 스마트폰만 보면서 아이에게 책을 읽으라면 읽겠는가? 재산 천 억보다 더 소중한 독서 습관을 아이에게 물려주기 위해 나는 책을 읽기 시작했다. 주로 한 번도 배운 적 없었던 아빠의 육아 이야기나 그 누구도 알려주지 않았던 알레르기에 관한 이야기들이었다. 부끄러운 이야기지만 지금껏 살면서 읽은 책보다 아빠가 되어 육아를 하면서 읽은 책이 훨씬 더 많았다. 이전까지 나에게 책이란 그저 라면 먹을 때 사용하는 '냄비 받침대'에 불과했다.

책을 읽기 시작하니 전문용어로 가득한 책이지만 이래라저래라 가르치려고만 드는 책보다는 보통 아빠들이 겪는 현실감 있는 경험담이 술술 잘 넘어갔다. 책을 읽으면서 자녀를 위해 깊이 고민도 하고 스스로에게 질문도 던지면서 자녀를 더 잘 이해하는 방법은 무엇인지 찾아보기도 했고, 인생 선배들이 들려주는 다채롭고 보석 같은 이야기들 속에서 아빠도 아이와 함께 성장할 수 있었다.

두 번째는 매일 밤 아이에게 머리맡에서 책을 읽어줬다.
아내가 임신하고 아이가 배 속에 있을 때부터 초등학생이 된 지금까지 단 하루도 빠지지 않고, 매일 밤 잠들기 전 아이와 팔베개하고 나란히 누워 머리맡에서 책을 읽었다. 그림책부터 시작해서 인성 동화와 위인전집에 이르기까지 특별한 경우를 제외하고 지금까지 계속해 오고 있다. 덕분에 아이는 지금도 잠자리에 들기 전 아빠와 함께 나란히 누워 책을 읽으며 하루를 마무리하는 시간을 좋아한다.

때로는 아빠가 읽었으면 하는 책과 아이가 읽고 싶은 책이 서로 달라서 당황하기도 했지만 어떤 책이든 처음에는 책에 대한 흥미를 느끼는 게 중요하다고 생각해서 다 읽은 책에는 따로 스티커를 붙여주
거나, 좋아하는 책은 손이 닿기 쉬운 곳에 배치해 주었다. 태어날 때부터 이어진 책 읽기는 아이가 8살이 되면서 조금씩 달라졌다. 글밥 수가 많아지면서 목이 아파 끝까지 다 읽어줄 수도 없었지만, 아이의 읽기 독립을 위해 책 분량의 3분의 1에서부터 조금씩 줄여가기 시작했다.

지금 생각해 보면 그림책을 읽어주는 일은 엄청난 에너지가 소비되는 힘든 일이었다. 혹시나 아이에게 안 좋은 습관이나 발음이 영향을 미칠까 봐 한 글자 한 글자 정성껏 읽었고, 때로는 할아버지나 도깨비부터 공주님이나 정글에 사는 각종 동물에 이르기까지 다양한 인물들을 복화술을 써가며 최대한 비슷하고 재미있게 읽어주려고 노력했다. 또 좋아하는 문장이나 그림이 있으면 같은 부분을 계속 읽어달라고 떼를 쓰는 바람에 같은 책을 무한반복 할 때는 영혼까지 '탈탈' 털리는 느낌이었다. 하지만 아이는 같은 책을 10번, 20번을 읽더라도 한 번은 그림을 보고, 또 한 번은 아빠의 목소리를 듣고, 또 한 번은 글자를 보듯이 읽을 때마다 책 속에서 새로운 것들을 얻어 간다는 생각에 단 한 번도 소홀히 할 수 없었다.

세 번째로 거실형 서재를 만들었다.
가족 간의 대화를 앗아갔던 TV를 방으로 물리고, 거실을 가족들이 함께하는 문화공간으로 만들었다. 가족이 모두 한자리에 마주 앉아 있는 일은 아이가 클수록 점점 더 힘든 일이다. 게다가 부모와 함께 한 가지에 몰입하고 공부하는 것이 아이의 독서 습관에도 중대한 영향을 미쳤다.

아이가 4살쯤, 마침 좀 더 넓은 평수로 이사를 가게 되었는데 어차피 아이가 공부할 시기가 되면 공부방을 따로 꾸며줘야 할지를 두고 고민하고 있었다. 아이에게 공부방이 따로 필요할까? 공부는 꼭 방에서만 해야 할까? 거실형 서재가 오히려 공부하는데 더 큰 도움이 되지 않을까? 그렇게 책장을 한쪽 벽으로 밀어붙이고 중간에 커다란 대형 탁자를 만들어

꿈꾸던 거실형 서재를 만들었다.

네 번째는 주말마다 도서관을 투어했다.

주말을 이용하거나 아이와 여행할 때마다 지역의 도서관 투어를 했다. 가까운 집 근처 도서관에서부터 시작해서 영화 해리포터에 나올 법한 호주 멜버른의 세계적인 빅토리아 주립 도서관에 이르기까지 다양한 도서관을 보여줬다. 도서관을 친근하게 느낀다면 그 속에 전시된 수많은 책은 아이들의 무한한 호기심을 자극하며 책을 더 가까운 친구처럼 느낄 수 있을 거라는 확신 때문이었다. 그동안 아빠의 노력에 결과였을까? 9살이 된 아이는 말한다.

"아빠 나는 책읽는 게 노는 거야.
책을 읽고 있으면 책 속에 세상이 마치 현실이 되는 것 같아."

알레르기와의 한바탕 전쟁을 치르고 있는 아이는 매일 아침 7시, 힘들게 일어나 하루를 시작한다. 학교와 학원 몇 군데를 돌다가 저녁이 다 되어서야 겨우 집으로 돌아온 후에도 집 밖에서 원인 모를 성분에 노출된 알레르기성 발진을 찾아 스테로이드 연고를 바르고, 보습을 위해 목욕을 하고 전신에 보습용 크림을 꼼꼼히 펴서 바른다.

저녁을 먹은 후, 치료 중인 우유와 멸치육수까지 한 컵씩 먹고 나서 책상에 앉아 학원 숙제를 하고 다음 날 가지고 갈 책가방을 챙기다 보면 밤 10시가 되어서야 겨우 잠자리에 든다.

아들아, 지금 대한민국에서는 알레르기를 가진 9살 아이는 이렇게 살 수밖에 없단다. 엄마 아빠는 당장 사교육을 그만두고 실컷 놀아 줄 수도 없고, 강원도나 제주도로 이사를 갈 수도 없단다. 그래서 아직 어린 너에게 독서 습관을 길러주겠다며 거실에 TV를 없애고, 퇴근 후 피곤하지만 침대에 눕거나 핸드폰을 보는 대신 탁자에 앉아 책을 읽고, 주말에는 특별한 일이 없으면 도서관에 간단다.

13.
한 가지 정도는 직접 가르친다

사교육에 익숙한 아이들에게 아빠라는 존재는…

주말 아침이면 아이를 데리고 수영장으로 갔다. 나랑 비슷하게 늦잠도 마다하고 수영장을 찾은 엄마들 여러 명이 수영장 한쪽 레인에서 삼삼오오 모여 수다를 떨고 있었다. 일부러 들으려고 하지 않아도 목소리가 워낙 커서 내용까지 다 들렸다. 자녀들에 대한 교육 이야기를 하고 있는데 한 아이의 엄마가 "아이가 공부를 안 해서 걱정이에요."라고 하소연을 하자, 옆에 있는 다른 엄마가 "자기는 학교 다닐 때 공부 잘했어?"라고 되물었다. 그 소리를 들은 엄마들이 일제히 웃음을 터트렸고, 순간 수영장은 웃음바다가 되었다.

주변을 살펴보면 학교 다닐 때 공부를 안 했던 부모들이 자식들 성적에 더 집착하는 경향을 보였다. 공부를 안 해서 후회되는 자신의 삶을 돌아보며 같은 삶을 자식에게는 물려주고 싶지 않았던 모양이다. 하지만 본인이 직접 가르칠 능력이 없으니, 돈으로 치대는 사교육에만 집착하게 된다. 어려서부터 사교육에 익숙한 아이들은 부모와 교감하는 법도 모르고 가슴 속에서 아빠라는 존재는 점점 줄어들고 있다.

그래서 아이가 태어난 후, 유모차를 졸업하고 두 발로 서서 혼자 걷고 또 뛰기 시작하면서 점차 혼자 할 수 있는 것들이 생겨날 때부터 꼭 한 가지 정도는 아빠가 직접 가르쳐야겠다고 생각했다. 하고재비 성격 때문인지 이제 막 걷기 시작한 아이를 보니 마음이 급해졌다.

나는 오늘도 아이와 교감할 무언가를 찾고 있다.

"아빠 나는 두발자전거 언제 타?
친구 중에 두발자전거 타는 애들 많단 말이야."

아이에게 두발자전거를 가르쳐야 할 때가 온 것 같다. 모험을 가르치는 것 또한 전통적인 아빠의 역할이었다. 아빠에게는 아이의 세계를 넓혀주어야 할 책임이 있었다. 아이가 학교에 가고 없는 사이 현관문 앞에 방치된 네발자전거의 보조 바퀴를 떼어내고 두발자전거를 만들었다. 그런데 막상 가르치려니 막막했다. 나는 두발자전거를 어떻게 배웠더라? 그냥 막 넘어지면서 배웠던 것 같기도 하고, 너무 오래돼서 기억이 잘 나지 않았다. 아이가 좀 더 쉽게 배웠으면 하는 마음에 인터넷을 찾아봤다. 우선은 두발자전거에 페달까지 떼어내고 양  발을 땅에 짚으며 몸의 균형을 잡는 연습이 필요했다.

아이가 학교에서 돌아오자마자 자전거와 함께 아파트 1층 놀이터로 데리고 갔다. 아이도 양쪽 뒷바퀴와 페달까지 없어진 자전거를 보더니 뭔가를 각오한 듯 눈빛이 달라졌다. 처음에는 양발로 땅을 짚다가 익숙해질 때쯤 한발씩 번갈아 가며 땅을 짚고 직선과 곡선을 달리며 넘어지지 않도록 균형을 잡았다. 그 모습을 지켜보던 지나가는 어르신 한 분이 "자전거 안장을 좀 더 낮춰 줘, 그러면 금방 배워."라고 거들었다. 어르신의 한마디가 신의 한 수였다. 역시 경험과 연륜에서 나오는 노하우는 책이나 인터넷보다 더 훌륭할 때가 많았다.

다음날도 연습은 계속되었다. 이번엔 과자 한 봉지를 사서 입에 물

렸다. 그리고 자전거에 페달을 다시 달았다. 먹던 과자에 눈이 팔려 자전거에 페달이 다시 달렸는지도 모른 채 한 발을 페달에 올리고 나머지 한 발 마저 페달에 올렸다. 자전거는 굴러갔고, 그렇게 두발자전거는 성공했다. 기뻐하는 아이와 함께 그 순간을 영원히 간직하기 위해 사진과 영상으로 찍고 기록으로 남겼다. 그럴 때마다 아이와 서로의 감정을 나누고, 아빠라는 존재를 찐하게 알렸던 것 같다.

사교육이 판을 치는 세상, 아이의 교육은 모두 학원으로 넘어갔지만, 학창 시절 특정 과목을 선생님으로부터 배우는 것은 그 교과 내용뿐 아니라 그 선생님 자체로부터 영향을 받는 것이 있듯이 교육은 그 과정 자체로 영향을 주고받기도 한다. 아빠가 학원을 이길 수는 없겠지만 편리와 효율만 좇다 보면 아이와 교감을 나눌 기회도 점점 사라진다. 그때부터 조금 서툴거나 느리더라도 한 가지 정도는 아빠가 직접 가르쳐 보자고 생각했다. 그러면서 아빠는 아이와의 관계가 녹슬지 않게 계속 노력할 것이고, 아이에게는 아빠의 존재감이 가슴 깊이 파고들 것이다.

14.
출장길에 얻은 깨달음

갑자기 대전으로 출장을 갈 일이 생겼다.

갑자기 대전으로 출장을 갈 일이 생겼고, 이번 출장길에는 회사 후배 동민이가 동행했다. 오랜만에 멀리 열차를 타고 떠나는 출장이었다. 귀에 꽂은 이어폰에서는 감성을 자극하는 노래들이 흘러나왔고, 손에 든 커피와 시시각각 변하는 창밖의 아름다운 풍경들은 어느새 나의 몸과 마음을 활짝 열어 버렸다. 같이 간 동민이도 나와 같은 생각인지 시종일관 밝은 미소를 잃지 않았다.

동민이는 나이 40살이 훌쩍 넘은 나이에 두 딸의 아빠이자 한 가정의 가장으로 경찰관이 되었다. 사실 동민이는 경찰이 되기 전에 모두가 부러워할 만한 서울의 OOO라는 대기업에서 근무했었다. 그래서 평소 동민이에게 궁금한 게 많았다. 좋은 기회다 싶어서 이것저것 묻기 시작했다.

"동민아, 남들은 못 가서 안달인 대기업은 왜 그만뒀어?"

동민이는 원하는 대기업에 입사하기 위해 큰 노력을 했고, 입사한 후에도 그 능력을 인정받아 해외전략부서나 기획 부서 같은 주요 보직에서 근무했다. 원하는 직장에 취직만 하면 경제적 자유와 적절한 보상이 따라 올 꺼라 믿었지만, 생각과 다른 현실에 부딪치며 결국 5년 만에 퇴사를 결심했다. 근무했던 해외전략부에서는 해외 출장이 잦았는데 주로 개발되지 않은 오지라서 가족이 함께 갈 수도 없었고, 떨어져 지내는 시간이 오래되자, 아빠의 부재로 가정생활에도 고충이 심했다. 게다가 업무량이 많아 매일 별 보고 출근해서 별 보고 퇴근하는 저녁 없는 삶에 회의를 느꼈다. 이후 기획 부서로 자리를 옮겼지만 수십 억의 회사자금이 들어가는 대규모 프로젝트에 참여할 때마다 실수로 회사에 손해라도 끼칠까 봐 마음 졸이는 날이 많아져 힘든 건 마찬가지였다.

대한민국에선 '신분'과도 같은 영어

요즘 젊은 세대들은 대기업보다 회사 한쪽 귀퉁이의 김밥집 사장을 더 부러워할 정도로 출퇴근이 자유롭고 다른 사람 눈치 보지 않는 자기 사업을 선호했다. 그래서 동민이도 회사를 그만둔 후 공인중개사 시험에 도전했고, 단 한 번에 합격했다. 그러나 얼마간의 준비 과정을 거쳐 개업한 사무실은 갑자기 불어닥친 코로나 사태와 부동산 경기의 침체로 2년 만에 문을 닫아야 했고, 또다시 백수가 되는 아픔을 겪어야 했다.

다시 무직자가 된 동민이는 자기 사업처럼 자유롭진 않지만, 한 가정의 가장으로서 정년이 보장되고 경기를 타지 않는 안정된 삶을 살고 싶어 경찰공무원 시험에 도전했고, 또다시 한 번에 합격했다. 그리고 그렇게 지금의 경찰관이 되었다.

"지금의 생활에 만족하냐? 또 다른 계획이 있냐?"

이 물음에 둘째 딸아이가 내년이면 초등학교에 입학하게 되는데 1년간의 육아휴직을 통해 딸아이도 돌보면서 법무사 시험에 도전할 계획이란다. 마지막으로 한 가지 더 물었다.

"왜 그렇게 치열하게 사냐?"

동민이는 가난한 시골에서 흙수저로 태어난 자신에게 질문을 던졌고, 가난을 벗어날 수 있는 유일한 방법은 공부밖에 없다는 결론을 내렸다. 그리고 매번 새로운 시험에 도전할 수 있었던 용기와 희망은 바로 '영어'라는 자신감에 있었다고 답했다. 그 배경에는 대학교 2학년 때, 휴학을 하고 의무경찰로 입대하게 되었는데 좋은 스펙에 영어 실력까지 갖춘 후배들을 보면서 자신이 한없이 작고 초라하게 느껴졌다고 한다. 깨달음을 얻고 제대한 후 곧바로 시골로 내려가 공부에 전념하겠다며 대학에서 영어를 전공하는 친형과 함께 3년 동안 영어 공부를 했고, 그 시간은 토익점수 만점에 가까운 우수한 성적으로 보상을 받았다.

영어로 자신감을 얻은 후, 세상은 완전히 달라졌다. 대한민국에서 '영어'는 마치 하나의 '신분'과도 같은 존재였다. 원하는 대학을 골라 편입할 수 있었고, 졸업 후에는 우리나라 최고의 기업에 당당히 입사했을 뿐만 아니라 회사 내에서도 주요 보직을 꿰찰 수 있었다. 게다가 국가에서 시행하는 대부분 자격시험에 영어가 포함된 것은 공인중개사 자격시험과 경찰공무원 공개채용 시험을 단 한 번에 합격하는 원동력이 되었다. 동민이의 이야기는 나에게도 큰 깨달음을 주었다. 비록 시간이 흘러 지금은 영어 성적뿐 아니라 프리토킹의 회화 실력까지 요구하고 있지만 우리 사회에서 영어에 대한 중요성은 아무리 강조해도 부족하지 않았다.

15.
좋은 아빠는 있어도 완벽한 아빠는 없다

결코 아빠의 좋은 점만 닮지 않았다.

백화점에 쇼핑하러 갔다가 아내가 찍어 준 사진 한 장을 보고 한참을 웃었다. 사진 속에서는 돌이 막 지나서 이제 걸음마를 시작한 아이가 뒷짐을 지고 걷고 있었다. 양팔을 벌려 중심을 잡고 걸어도 넘어지기 바빴던 아이가 앞에서 걸어가는 아빠를 흉내 내며 똑같이 걷고 싶었던 모양이다.

또 한번은 아이와 단둘이 드라이브하고 있을 때였다. 한참을 운전해서 가다가 서로 말없이 창밖을 바라보았다. 그때 무의식적으로 또 내 손이 콧속에 들어가서 여기저기 휘저으며 가려운 곳을 찾아 긁고 있었다. 사실 난 결혼하기 전 지독한 비염으로 코점막 3개 중 하나를 절제하는 수술을 했다. 절제된 2개의 점막 사이에 끼는 코딱지는 늘 코를 간지럽혔고 그때부터 습관적으로 혼자 있을 때 코를 팠다. 침묵 속에 문득 옆에 있는 아이를 보게 되었는데 똑같은 표정과 손가락으로 콧속에 무언가를 열심히 찾고 있었다.

그뿐만 아니라 아빠의 구수한 경상도 사투리를 닮기도 하고, 짓궂은 표정과 눈빛을 닮기도 하며 하루 종일 아빠를 관찰하고 있을지도 모른다. 그러나 아이는 결코 아빠의 좋은 점이나, 아빠가 닮았으면 하는 점만 닮지 않았다. 환절기나 피곤할 때마다 시름시름 병든 병아리처럼 병치레하는 알레르기 비염을 닮는 걸 보면 더욱 그렇다. 하지만 알레르기처럼 어쩔 수 없는 경우와 다르게 부모가 마음먹기에 따라 좋은 것만 물려줄 수도 있다. 바로 삶의 태도와 습관이다. 아이는 아들이라 그런지 엄마의 행동이나 말투보다는 아빠의 행동을 유심히 보며 똑같이 따라하곤 했다. 아빠의 태도와 행동 하나하나를 보고 듣고 배우며 따라 하는 아이에게 나는 어떤 삶의 태도와 습관을 물려줄 수 있을까?

그리고 나의 모든 행동을 뒤돌아보기 시작했다.

그때부터 아이가 항상 나를 지켜보고 있다는 생각으로 내 혀와 손끝을 포함해 나의 모든 행동을 뒤돌아보기 시작했다. 아이가 존경받는 사람으로 자라길 바란다면 나 자신부터 존경받는 사람이 되어야 한다고 생각했다. 자신은 바뀌지 않으면서 자식이 존경받는 사람으로 잘 자라게 할 수는 없는 일이었다. 밥을 먹을 땐 편식하지 않고 골고루 잘 먹고 있는지, 무의식적으로 자꾸 핸드폰을 들여다보진 않는지, 책상에 앉아 하루에 책 한 페이지라도 읽는지, 쓰레기는 휴지통 버리고, 정리 정돈을 잘하고 있는지, 이웃을 만나면 먼저 인사를 하는지, 바르고 고운 말을 쓰는지 등 말이다.

그러나 이 책의 독자 중에 다행히 아직 미혼이거나 아이가 어려서 인지하지 못한다면 더더욱 좋겠지만, 만약 아이가 아빠의 잘못된 행동을 인지하고 있더라도 늦었다고 포기할 필요는 없을 것 같다. 솔직하게 이야기하고 지금이라도 아빠를 바꾸면 되지 않을까? 그렇게 아빠가 자신의 잘못된 행동을 바꾸어 나가는 과정을 보여 주는 것도 아이에게는 더 큰 교육이 될 수 있다. 이 세상에 좋은 아빠는 있어도 완벽한 아빠는 없기 때문이다.

새롭게 시작하는 일에 모범적인 모습을 보여 주면 된다고 생각한다. 지금부터 실천하면 아이가 달라진다는 생각으로 말이다. 이 책을 출간하기 위해 글을 쓰는 순간에도 내 발밑에 엎드려 책을 읽고 있는 아이가 그 사실을 증명하고 있다. 아빠는 아이의 거울이라는 말은 쉽게 지나칠 수 없는 뼈 있는 말이었다. 아빠의 모든 언행이 아이의 정서와 인격에 기초가 된다는 사실은 아빠들이 절대로 잊어서는 안 되는 말이었다.

Part 4

알레르기 아이의 부모로 사는 법

1.
알레르기지만 훈육은 필요해!

교육보다 생존 자체가 더 중요할 때가 많았다.

  태어나자마자 알레르기라는 큰 전쟁과 싸워야만 했던 아이, 먹을 수 없어서 구경만 했던 아이, 간지러워 온몸을 긁어대느라 밤잠을 설쳤던 아이에게 혹시라도 결핍이 아이의 건강한 성장을 방해할지도 모른다는 생각에 한때는 못 먹는 음식만 아니라면 뭐든지 다 해주고 싶었다. 그리고 우리 가족에게는 살아가면서 교육보다 오히려 생존 자체가 더 중요할 때가 많았다.

  그런데 아내는 아침에 일어나면 씻는 것부터 먹는 것, 입는 것, 자는 것, 심지어는 말하는 것까지 모든 것에 매우 엄격했다. 나는 그런 아내가 때로는 너무 책 대로만 아이를 키운다고 생각했고, 아내는 뭐든지 'OK'인 아빠의 원칙 없는 육아가 투정 부리는 아이, 버릇없는 아이로 키운다고 걱정했다. 아내의 말에 공감하는 부분도 있었지만, 엄마보다 상대적으로 아이와 함께 보내는 시간이 짧은 아빠로서는 억울한 부분도 있었다. 그래서 우리 부부는 서로 다른 육아관으로 자주 부딪쳤다. 나는 친구 같은 아빠가 되고 싶었지만, 아내는 그 친구 같은 아빠란 소리를 제일 싫어했다. 아내와 나는 서로 자라 온 환경도 달랐지만, 학교에서 아이들을 교육하는 아내와 경찰서에서 아이들을 선도하는 나는 육아를 바라보는 관점도 완전히 달랐다.

그러다가 코로나가 찾아와 아이와 단둘이 있는 시간이 많아졌다. 하루는 아이와 함께 등원하는데 거의 다 와 갈 때쯤 갑자기 똥이 마렵단다. 곧 도착하니까 숫자 1부터 10까지만 세어보라고 했더니, 벌써 10이라며 안 된다고 칭얼거린다. 급하게 공중화장실에 차를 주차했더니 내리지 않고 계속 보채기만 한다. 아이는 정말 똥이 마려웠던 걸까 아니면 다른 이유가 있었던 걸까 의문이 들기 시작했다. 그러면서 나의 육아 방식에 문제가 있다는 것을 깨달았다. 처음에는 "애가 다 그렇지 뭐!"라고 단순하게 생각했지만, 부모의 마음과는 다르게 외동이라 혼자 커서 그런지 아이는 잠시도 부모의 관심이 다른 곳으로 향하는 것을 참지 못했고 모든 걸 자기중심적으로 행동했다. 그래서 결국 훈육을 하기로 결심했다.

그래서 결국 훈육을 하기로 결심했다.

무엇보다 아내 육하원칙의 균형을 잡도록 함께 지지해 주는 아빠의 역할이 필요하기도 했지만, 나도 아이가 남을 배려할 줄 모르고 자기밖에 모르는 이기적인 아이로 자라서는 안 된다고 생각했다. 행복하기 위해 세상에 온 아이지만 옳지 못한 행동에 대해선 일관성 있게 지도해야 했다.

다만 훈육할 때는 최대한 감정에 치우치지 않고 잘못된 행동에 대해서만 이성적으로 하려고 노력했고, 아이가 이유 없이 화를 내거나 울면서 떼를 쓸 때는 스스로 힘이 빠져 진정이 될 때까지 기다려 주었다. 그리고 아이가 훈육의 내용보다 혼내는 과정만 기억할까 봐 최대한 짧고 간결하게 끝을 냈다. 또 아빠의 큰 소리나 화내는 표정만 기억하는 부작용을 없애기 위해 시간적인 여유가 없을 때는 훈육을 잠시 멈추거나 미루기도 했다. 하지만 아빠도 아빠가 처음이다 보니 이런저런 여러 가지 시행착오를 겪었다. 상황에 따라서는 감정이 앞서거나 거친 욕이 나오기도 했고, 때로는 사랑의 매를 들기도 했다. 그러나 아빠가 걷기 위해 걸음마를 하는 순간에도 아이는 계속 자라고 있었다.

훈육을 시작했을 때 처음에는 무조건 'OK'이던 아빠가 갑자기 달라졌다며 서럽게 울기도 했고, 아빠의 달라진 태도에 적잖게 당황한 듯 보였지만 엄마와 아빠가 일관된 태도를 보이자, 아빠가 없을 때 엄마를 유독 힘들게 하거나 엄마에게 혼이 나면 아빠에게 달려오던 아이는 이제 혼나면 먼저 자신이 잘못된 행동을 인지하고 고치려고 노력했다. 겪어보니 훈육만큼 어렵고 복잡하고 심오한 세상은 어디에도 없었다. 이렇게 어려운 훈육을 그동안 엄마의 어깨에만 올려놓았다고 생각하니 너무 미안했다. 육아에서 아빠의 역할은 황량한 서부와도 같아서 개척하는 대로 성과가 쑥쑥 나타났다.

2.
하늘은 감당할 만큼의 씨를 세상에 뿌린다

사람들은 왜 둘째를 낳을까?

아이를 키우면서 당연히 겪는 과정을 처음에는 잘 모른다. 그래서 늘 불안하고 걱정되는 마음에 어떻게 지나갔는지 기억조차 못 할 때도 있다. 우리처럼 평범하지 않은 아이를 키우는 부모들은 더욱 그렇다. 그러다가 둘째를 낳으면 비로소 아이가 커가는 과정을 제대로 기억할 수 있는 여유가 생기게 되는 것 같다. 그래서 사람들은 둘째를 낳는 게 아닐까?

사람을 처음 만나면 예의상 혹은 인사치레로 건네는 말이 있다. 말을 하는 사람의 처지에선 안부를 묻거나 친근감의 표시일 수도 있지만 때에 따라서는 듣는 사람을 몹시 불편하게 할 수도 있다. 대표적으로 30~40대 결혼 적령기 남녀에게 "결혼은 했어?"라고, 묻는 말이 그렇다. 질문은 여기서 끝날 수도 있고 아닐 수도 있다. 결혼을 안 했으면 왜 아직 안 했냐? 결혼했으면 왜 아직 아이가 없냐? 아이가 있으면 왜 한 명이냐? 보통 이런 식이다.

누구나 살면서 한두 번쯤 들어본 이야기지만 같은 질문이 반복되면 듣기 싫을 수도 있고, "전에도 똑같은 질문을 했던 것 같은데, 내 이야기를 귀담아 듣지 않네."라고 짜증을 낼 수도 있다. 세상살이가 물이 흘러 강이 되고 바다가 되듯이 순조로울 수도 있지만 그렇지 않은 경우도 많다. 나도 결혼한 지 1년이 지나도록 아이 소식이 없자 만나는 사람마다 한마디씩 건네는 말에 상처를 받기도 했고, 때로는 사람들을 일부러 피하기도 했다. 그러다가 어렵게 아이를 만났다. 우리 부부에겐 선물처럼 찾아온 아이였다. 아이와 함께라면 이제 더 이상 나에게 불편한 질문 같은 건 없을 줄 알았다.

나도 하나보다 둘이 좋다는 걸 알고 있다.

하지만 또 다른 질문들이 나를 괴롭히기 시작했다. "아이가 왜 하나야? 둘째는? 하나는 절대 안 돼, 최소한 둘은 있어야지." 나도 하나 보다 둘이 좋다는 걸 너무 잘 알고 있다. 그러나 아기가 하나인 집은 나름대로 다 이유가 있었다.

첫 번째로 아이가 잘 생기지 않는 집이다. 아이를 가지고 싶어도 가질 수 없는 부부에게 둘째 이야기를 자꾸 꺼내는 건 실례가 될 수 있는 질문이다. 두 번째로 경제적으로 여유가 없을 수도 있다. 늘어나는 사교육 부담과 치솟는 물가 그리고 부동산 가격 폭등으로 하나 키우기도 힘든 세상에, 둘째 이야기를 하는 것이 기분좋게 들릴 리가 없다. 세 번째는 우리 부부처럼 평범하지 않은 육아로 인해 지칠 대로 지쳐 둘째는 생각조차 할 수 없는 경우다. 하늘은 감당할 만큼의 씨를 세상에 뿌린다고 하지 않았던가. 그런 점에서 우리 부부에게 둘째가 없는 데는 너무나도 명확한 이유가 있었다.

그래서 우리는 부모의 삶이 아이의 삶만큼이지만 중요하니 하나라도 반듯하게 잘 키우기로 결심했다. 그런데도 육아하다 보면 가끔 아이의 이쁜 짓에 녹아내릴 때가 있다. 첫째도 이쁜데 둘째는 또 얼마나 이쁠까? 그래서 아이에게 물었다. "아들, 동생 갖고 싶어?" 그럴 때마다 아이는 그런 부모의 마음 아는지 고맙게도 고개를 절레절레 흔들며 "동생 싫어, 내 장난감 다 부수고 귀찮게 한단 말이야."라고 말해준다. 그렇게 우리에게 더 이상 둘째는 없었다.

사람들은 대체로 자기 경험과 관점에서 말하는 경향이 있다. 지금, 이 순간부터 길을 가다가 혹은 주변 지인 중에 아이가 하나인 집을 만나게 된다면 굳이 그렇게 궁금해하지 않아도 될 것 같다.

3.
아빠의 경험만큼 좋은 스승은 없다

아빠의 경험은 아이에게 세상에서 가장 큰 신뢰를 주었다.

이제 마트나 백화점에서 아빠가 아기띠를 메거나 유모차를 밀고 다니는 모습은 흔한 일상이 되었다. 먹기 싫은 술을 억지로 마셔가며 3차까지 눈도장을 찍어야 상사의 눈치를 보지 않고 근무 성적을 잘 받던 직장 문화도 많이 바뀌었다. 회식 자체를 하지 않거나 아니면 점심 식사나 체육활동으로 대체하는 곳도 많아졌다. 혹시라도 퇴근 후 야근하거나 금요일 날 회식을 갖는 것은 아주 몰상식한 행동으로 치부되며, 나처럼 '땡' 하면 눈치 보지 않고 퇴근하는 땡돌이도 많아졌다. 이런 세상의 변화는 아빠들을 집으로 돌려보내고 아이들에게 더 많은 관심을 두게 하는 긍정적인 역할을 했다.

나는 학교에서 돌아오는 아이에게 "오늘은 학교에서 어떤 재미있는 일이 있었어? 점심은 좋아하는 반찬 나왔어?"라고 매일 같은 질문을 한다. 아이에게 학교라는 곳은 항상 뭔가 재미있는 일이 일어나고, 아주 맛있는 급식을 먹는 곳이란 생각을 갖게 해주고 싶었기 때문이다. 하루는 우연히 하교 후 집으로 돌아오는 아이와 마주쳤는데 아이의 표정이 좋지 않았다. 항상 밝던 아이가 아주 심각한 표정으로 길가의 잡풀을 발로 차며 화풀이하고 있었다. '뭔가 속상한 일이 있었나 보다.'라고 생각하고 아무 말 없이 손을 꼭 잡고 함께 걸었다. 집에 도착한 아이는 잠시 머뭇거리더니 묻지도 않았는데 먼저 학교에서 있었던 일을 이야기하며 눈물을 터뜨렸다. 나는 그저 한없이 자상한 얼굴로 아이의 두 눈을 똑바로 쳐다보며 이야기를 끝까지 들어 주었다.

눈물을 쏙 빼고 난 후, 어느 정도 진정이 되었다고 느꼈을 때, 아빠가 학교 다닐 때 있었던 이야기를 들려주었다. 주로 잘못했던 일, 친구들과 싸웠던 일, 선생님에게 혼났던 일이었다. 아이는 가만히 아빠의 경험을 듣더니 언제 그랬냐는 듯이 다시 해맑은 표정으로 "진짜? 아빠도 그랬어?"라고 되물었다. 애써 위로하려고 하거나 가르치려고 하기보단 아빠의 경험을 들려주는 것이 아이에게 훨씬 더 큰 위로와 용기가 될 수 있다는 것을 그때 처음 알았다.

또 한번은 밀가루 알레르기 때문에 빵을 먹지 못하는 아이를 위해 쌀 빵집이 새로 오픈했다는 소식을 듣고 쌀로 만든 빵을 사다 준 적이 있는데 그걸 먹고 난 후, 온몸에 두드러기가 심하게 올라왔고, 스테로이드 연고나 향히스타민제 만으로도 해결이 되지 않아 병원 응급실까지 간 적이 있었다. 아마 쌀 빵에도 소량의 글루텐 성분이 포함되어 있었던 모양이다. 병원 침대에 누운 아이는 팔에 수액을 맞기 위해 주삿바늘을 꽂아야 했는데, 먼저 와서 수액을 맞던 중학생 형의 울부짖음을 보더니 못 하겠다며 망설였다. 그런 아이에게 이렇게 말했다.

"아빠도 어렸을 때, 학교 계단에서 장난치다가 넘어져서 다리를 심하게 다친 적이 있는데 상처 부위를 꿰매려면 마취 주사를 맞아야 해서 무서워서 막 울었어. 그런데 한 번 따끔한 것만 참으니까, 금방 괜찮아졌어."

아빠가 아팠을 때의 경험을 이야기 해주더니 아이는 놀랍게도 뭔가 결심한 듯 팔을 선뜻 내주더니 피부를 뚫고 들어가는 주삿바늘의 고통을 참아냈다.

두려움에 떨고 있던 아이에게 믿고 의지하든 아빠의 경험은 세상 그 무엇보다 가장 큰 신뢰를 주었던 것 같았다. 그뿐이 아니었다. 아빠의 경험을 솔직하게 이야기했더니 아이도 학교나 학원에서 있었던 일이나 감정들을 숨김없이 이야기 해주었다. 그때마다 느낀 아이의 표정이나 반응은 옳고 그름에만 초점을 맞출 때보다는 그저 옆에서 아빠의 경험을 들려주었을 때가 훨씬 더 긍정적인 효과를 주었던 것 같았다.

아마도 아이는 자신보다 힘이 세고, 덩치가 큰 아빠도 '실수를 하는구나. 잘못을 하는구나. 나와 똑같이 완벽하지 않은 사람이구나.'라고 느끼며 아빠의 경험과 이야기에 귀를 기울이기 시작했고. 자기 경험과 비교하며 세상에서 가장 큰 공감과 위로를 받았던 것 같았다.

아빠의 역할을 찾기 위해 집중하는 내가 진짜 아빠가 된 것 같았다.

주변에는 집에 돌아오면 밥상머리에서부터 방으로 들어가서 눕는 순간까지 손에서 핸드폰 게임을 놓지 않는 간 큰 아빠도 있었다. 나 역시도 아빠의 역할과 자리에 대해 고민한 적이 있었지만, 엄마들과 다르게 아빠들의 역할에 대해 자문하거나 도움을 받을 만한 곳은 찾을 수 없었다. 아이와 어떻게 시간을 보내고 교육은 어떻게 해야 하는지, 아이가 잘 먹지 않거나 거짓말을 할 때는 어떻게 해야 하는지 등 말이다. 아직 아빠들의 육아에 대한 공론화가 부족하다 보니 비교 대상 자체가 없었다. 그래서 자신만의 개똥철학으로 만점짜리 아빠를 자평하며 문제를 해결하고 있는 경우가 많았다.

생각해 보면 아이에 대한 공감 능력은 아이를 낳기 전, 부모 출산 교육에서부터 시작되었다. 산모의 진통을 완화하는 호흡법부터 시작해서 출산 당일 가족분만실에서 아이를 낳는 모든 과정을 지켜본 것은 배워 본 적 없는 육아에서 자연스럽게 아빠의 역할을 찾기 위해 책을 집어 들게 했던 것 같다. 그러면서 알게 된 '모아모'(모두의 아빠 모임)라는 인터넷 카페를 통해 함께 육아하는 아빠들과 정보를 공유하며 병원 예약과 접수를 돕는 사이트에서부터 열이 날 때 아이의 체온에 따라 알맞은 대처방안을 찾는 '열나요', 0세에서 7세까지 육아 정보 및 맞춤 놀이법을 찾아보는 '차이의 놀이'까지 다양한 육아 관련 정보도 알게 되었다.

아이가 학교에 입학한 후에는 아이의 학교생활에 관심을 가지기 위해 학교운영위원회와 아이의 안전한 학교생활을 위한 학교 폭력 전담 기구, 아이의 먹거리를 챙겨 보기 위한 급식소위원회 등 각종 학교 행사에도 참여하게 되었다 지나고 보니 모든 것이 처음인 불완전한 초보 아빠였지만 아빠로서 해야 할 역할을 찾기 위해 무언가에 집중하는 내가 진짜 아빠가 된 것 같았다.

4.
시간과 노력이 모여 기적을 이루다

내가 육아일기를 쓰는 네 가지 이유

문득 초등학교 때 방학 숙제로 일기를 쓰던 일이 생각난다. 방학 동안 게으름을 피우다가 개학을 며칠 앞두고서야 겨우 밀린 일기를 썼다. 사정이 그렇다 보니 당연히 일기의 대부분은 억지로 지어낸 거짓말이었다. 그러나 이야기는 대충 지어냈지만, 그날의 날씨는 확인할 방법이 없이 무척 당황했던 기억이 난다. 그날 이후 한 번도 써본 적 없던 일기를 최근에 SNS를 통해 '육아일기'라는 이름으로 다시 쓰기 시작했다. 물론 일기를 쓴다고 돈이 나오는 건 아니지만, 내가 육아일기를 쓰기로 결심하기까지도 여러 가지 이유가 있었다.

첫 번째로 아이와 함께 울고 웃으며 함께했던 시간을 오랫동안 간직하고 싶었다. 일기를 쓰면서 처음 아이를 가졌을 때 임신 테스트기 양성반응과 소변검사기, 직접 자른 탯줄, 처음 빠지기 시작한 아이의 이빨이 모든 유치가 빠지고 영구치로 채워질 때까지의 기록과 물건들을 상자에 담아 보관

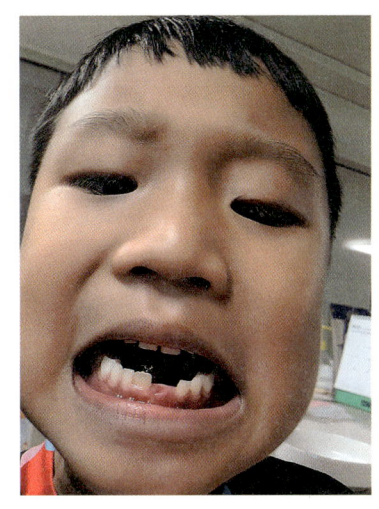

했다. 그리고 함께한 추억을 통해 아이도 성장하지만 나 자신을 스스로 뒤돌아볼 시간도 가질 수 있었다.

두 번째 이유는 글쓰기를 통해 생각을 정리하고 마음을 치유하고 싶었다. 그래서 서툴기만 했던 우리 가족의 좌충우돌 음식 알레르기 극복기를 SNS를 통해 공유하기 시작했다. 처음에는 아이에게 심한 음식 알레르기가 있다는 사실조차도 받아들이기 힘들어 숨기고 싶었지만, 그 힘든 시간을 견뎌내는데 글쓰기가 많은 도움

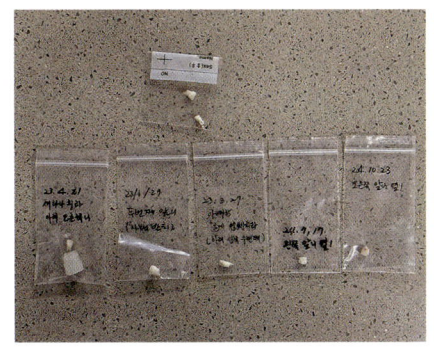

이 되었다. 그렇게 음식 알레르기를 가지고 태어난 아이에게 시간과 노력이 모여 기적을 이루어가는 과정을 육아일기에 고스란히 담았다.

세 번째 이유는 아이에게 좀 더 집중할 수 있게 되었다. 아이의 모든 말과 행동이 곧 육아일기의 소재가 되었기 때문이다. 하루는 아이가 "아빠 내가 나중에 하루에 천만 원씩 벌면 아빠한테 오백만 원씩 줄게."라고 말한다. 좋아하는 과자 하나도 쉽게 줄려고 하지 않으면서 번 돈의 50%를 아빠에게 주겠다니, 말만으로도 참 고마운 일이었다. 그런 말 한마디와 행동 하나하나가 눈과 귀를 기울이며 오로지 아이에게 더 집중하게 했다.

네 번째로 육아일기를 통해 같은 아픔을 겪는 이웃들을 만나 서로 소통했고, 때로는 먼저 겪은 선배 구독자들을 만나 위로도 받았다. 그러면서 생각했다. 아이의 이야기를 함께 나누면 분명히 누군가에게는 크고 작은 도움이 될 수도 있다는 사실을 말이다.

누군가에게 도움이 되기를 바라며 오늘도 육아일기를 쓴다.
알레르기란 말은 이제 우리에겐 너무 흔한 용어가 되었다. 한 집 건너 알레르기 환자가 있을 정도로 발병률도 높다. 기관지 천식에서부터 알레르기 비염, 아토피 피부염, 음식 알레르기, 두드러기와 혈관 부종에 이르기까지 다양한 알레르기 질환들이 우리 주변을 둘러싸고 있다. 인구 1,000명당 비염 환자는 300~400명에 이를 만큼 알레르기는 흔한 질병이다.

그런데도 인터넷에는 수많은 정보가 범람하는 정보의 홍수 시대를 살고 있지만 넘치는 정보 속에서도 정말로 유익하고 도움이 되는 정보는 극히 제한적이고, 과학적 근거가 없는 민간요법이나 건강식품 광고들만 판을 친다. 그러다 보니 이게 대체 무슨 병인지, 병이긴 한 건지, 어디로 가서 어떤 치료를 받고, 어떻게 관리해야 하는지 몰라서 우왕좌왕하기도 한다. 그래서 전문적인 의학용어보다는 실제 사례를 중심으로 알기 쉽게 풀어 쓰는 글이 필요했다.

지금도 지푸라기라도 잡고 싶은 심정으로 인터넷을 떠돌며 나의 블로그에 질문과 응원의 댓글을 남기는 수많은 알레르기 가족에게 우리 가족의 경험이 알레르기를 극복하고 건강한 삶을 영위하는 데 조금이라도 도움이 되기를 바라며 나는 오늘도 육아일기를 쓴다.

5.
'요리사'는 절대 안 돼

너는 커서 뭐가 되고 싶어?

어린 시절 동네에서 어른들을 만나거나, 명절이면 한두 번씩 보는 친척들을 만날 때면 항상 물어보던 질문이 있었다. 바로 "넌 커서 뭐가 될래?"라는 말이다. 그 당시에는 왜 그렇게 동네 꼬맹이가 커서 뭐가 되고 싶은지 궁금했을까 라는 생각이 들기도 했지만, 그것은 지금 생각해 보면 관심과 사랑이었을 것이다. 아빠가 되고 보니 아직 어린아이가 어떻게 성장해서 무엇이 될지 너무 궁금했다. 그래서 말을 알아들을 때쯤부터 물었던 것 같다.

"아들, 커서 뭐가 되고 싶어?"

물론 아빠가 원하는 대답이었으면 더 좋았겠지만, 그래도 아빠의 진심을 알려주고 싶었다.

"꿈이 있다는 것 자체만으로도 의미가 있어, 뭐라도 괜찮아."

그런데 생각과 다르게 아이의 대답은 온몸에 몸살이라도 난 것처럼 기운을 쭉 빠지게 했다.

"아빠, 난 커서 경찰이 될 거야."

누구나 그렇듯이 자신이 걸어온 길이 얼마나 힘든 길인 줄 잘 알기에 자식이 같은 길을 걷기를 원하는 부모는 별로 없다. 옆에서 나만큼 표정이 굳은 아내는 나에게 이렇게 말한다 "꿈도 자라면서 계속 변하니까 괜찮아, 어릴 땐 다들 경찰이나 소방관 한다고 하잖아, 너무 걱정하지 마." 아내도 맞장구를 치는 것이 나만큼은 아니지만 경찰만은 무조건 말리고 싶었던 모양이다. 하지만 그나마 다행이라고 생각했던 것은 아빠의 첫

번째 질문에 아이의 꿈은 무려 세 가지나 더 있었다는 것이다.

그 세 가지 꿈은 바로 '화가, 축구선수 그리고 로보트 태권V'였다. 꿈이 꼭 하나일 필요는 없다고 생각했다. 그리고 아이의 꿈을 응원하고 싶었다. 경찰이란 꿈은 시간이 지나 자연스럽게 사라지길 바랐고, 로보트 태권V는 어차피 불가능하니, 축구선수라는 꿈을 응원해야겠다고 생각해서 함께 프로축구 경기장에 시합을 보러 가기도 했고, 화가라는 꿈을 응원하기 위해 미술학원에도 보냈다. 평소에도 그림 그리기를 좋아했던 아이는 학원에 다니기 시작한 지 6개월쯤 지났을 때

드디어 기대했던 멘트가 하나 날렸다. "아빠, 나는 커서 고흐 아저씨 같은 멋진 화가가 되고 싶어요." 물론 기뻤지만, 그 꿈도 그리 오래 가지는 못했다. 1년 정도 다니다가 학원에서 선생님께 무슨 소리를 들었는지 학원마저 그만두었다.

그러다가 아이를 데리고 단둘이 물놀이장에 간 적이 있었는데, 아직 수영을 제대로 배워 본 적이 없었던 아이는 파도 풀에서 놀다가 실수로 넘어지면서 코와 입에 물이 들어가는 고통스러운 경험을 했다. 겨우 진정하고 울음을 그치더니 "아빠 나 경찰 안 할래. 경찰 하면 물에 빠진 사람도 구해줘야 되잖아."라고 말한다. 속으로 "앗싸!"를 외칠 정도로 기뻤다. 혹시 아이가 경찰과 소방을 헷갈리는 건 아닌지 불안해하면서 말이다. 아무튼 그 일을 계기로 아이는 더 이상 경찰이 되겠다는 소리를 그만두었다.

아빠는 항상 너의 꿈을 응원해.

올해 초등학교 2학년이 된 아이에게 또 물었다. "아들, 꿈이 뭐야?" 그런데 최근에는 목록에 없던 새로운 꿈이 등장했다. 바로 '요리사'란 꿈이다. 그러고 보니 어느 순간부터 부엌에서 엄마가 하는 요리에 관심을 보이기 시작했다. 끓는 물에 라면을 넣을 때나 프라이팬에서 밥을 볶을 때면 어느새 주걱을 들고 와 자신이 하겠다며 떼를 쓰기도 하고, 때론 자신의 아침, 저녁 메뉴를 직접 정하거나, 아빠가 요리하는 모습을 유심히 보더니 그대로 따라하기도 했다.

한번은 집으로 온 아이가 오늘따라 웬일인지 엄마·아빠에게 요리를 해주겠다고 나섰다. 오늘의 요리 제목은 바로 '김치볶음밥'이란다. 큰 대접에 밥을 담고 냉장고에서 김치 한 조각을 꺼내 가위로 잘게 썰어 밥 위에 올린 후, 참기름까지 뿌려서 비볐다. 내가 보기엔 김치볶음밥이 아니라 김치 비빔밥에 가까워 보였다. 달걀부침은 엄마·아빠에게 만들어 달라고 부탁한 후, 밥 위에 하나씩 올렸다. 아이는 자신의 완성된 요리에 무척이나 뿌듯해하며 물었다.

"아빠, 어때 요리에 재능이 있는 것 같아?"

아이가 대체 무엇 때문에 요리사가 되고 싶어 했는지 구체적으로 말을 하지 않아 그 속내를 정확히 알 수는 없다. 식품 알레르기 때문에 어려서부터 못 먹는 음식이 많아서였을까? 어찌 되었든 아이가 요리사가 되고 싶다는 말은 생각할수록 짠한 마음이 들었다.

나는 아이의 꿈을 응원하기 위해 쿠킹 클래스 같은 수업을 찾아보고 있었다. 그런데 이번엔 아내가 정색하며 반대했다. 알레르기가 있는 아이는 절대로 요리사가 되어서는 안 된다는 것이다. 나중에 안 사실이지만 아내는 알레르기 카페에서 우유와 밀가루에 알레르기를 가지고 있던 사람이 조리관련학과에 진학하면서 너무 잦은 알레르기 항원에 노출되어 특발성 아나필락시스(명확한 원인 없이 아나필락시스가 발생하는 경우)로 고생하는 사례를 봤다고 한다.

그래서 아이가 선천적으로 가지고 태어난 알레르기로 요리사라는 길을 가다가 새로운 알레르기 항원에 노출되어, 또 다른 직업적인 어려움을 겪지는 않을까 하는 걱정 때문에 요리사는 무조건 안 된다는 것이었다. 이유를 들어보니 그럴 만도 했다. 하지만 그래도 아직 어린아이에게 꿈도 꾸지 말라는 말은 너무 지나치다는 생각도 들었다.

아무튼 앞으로도 아이의 꿈 행진은 계속되겠지만 그 무엇이든 꿈을 꿀 수 있다는 것 자체만으로도 너무 건강하고 행복한 일이다. 아들아 그 무엇이 되었던 아빠는 너의 꿈을 항상 응원한다.

6.
감정을 다스려야 하는 이유

아빠의 몸에 난 털에 유난히 집착했던 아이

　말이란 한 번 밖으로 내뱉으면 절대로 다시 주워 담을 수 없다. 생각 없이 내뱉은 말은 상대방에게는 평생 잊지 못할 상처가 될 수 있어서 무거워야 하고, 입 밖으로 나오기 전에 여러 번 곱씹어 봐야 한다. 그런 면에서 보면 육아도 마찬가지인 것 같다. 사람이 살아가면서 좋을 때 좋아하는 것은 신생아도 가능하다. 하지만 기분이 나쁘거나 화가 났을 때 어떻게 표현하고 대처하느냐가 그 사람의 성숙도를 보여 준다. 하지만 나도 사람인지라 육아를 하면서 가끔 나도 모르게 화를 낼 때가 있었다.

알레르기 때문에 먹지 못하는 음식이 많아서 늘 영양 불균형으로 인한 성장을 걱정해야 했고, 그래서 먹을 수 있는 음식이라도 배부르게 잘 먹어주길 바랐지만 아이는 어려서부터 음식을 먹는 속도가 유난히 느렸다. 그래서 먹는 거로 제일 많이 화를 냈던 것 같다. 나중에 안 사실이지만 아이마다 성장 속도가 다르고 우리 아이의 경우 구강 근육의 발달이 늦어서 씹거나 삼키는 행위가 늦었다. 아이를 키워본 적이 없는 초보 아빠로서는 다른 아이들보다 늦다는 것은 늘 막연한 불안감을 느끼게 했다. 그래서 숨은 진짜 이유를 인지하지 못하고 아이에게 화만 냈던 내 모습에 자책하기도 했다.

가끔 화를 낼 때마다 아빠의 감정은 아이를 시베리아 허허벌판처럼 꽁꽁 얼게 했다. 그래서인지 언제부턴가 아이는 아빠의 몸에 난 털에 유난히 관심을 많이 가지기 시작했다. 얼굴에 난 수염은 물론이고 겨드랑이와 팔과 다리에 난 털까지 모조리 자르고 또 뽑았다. 처음엔 아이가 커가는 자연스러운 과정이라 생각했고, 나중엔 털을 뽑을 때마다 아빠가 "아야!" 하는 비명을 즐기는구나 싶었다.

그 이유를 알고 난 후, 감정을 다스리기 시작했다.

하루는 낮잠을 자고 있는데 뭔가 자꾸 따끔거려서 잠에서 깨고 보니 아이가 발밑에서 족집게를 들고 아빠의 발등과 발가락에 난 털을 뽑고 있었다. 아이의 눈빛은 어느 때보다 진지했고, 한 개의 털도 남기지 않겠다는 비장함까지 느껴졌다. 아프기도 했지만 도대체 아이가 왜 그런 행동을 하는지 이해할 수 없었다. 주변에 물어보거나 책을 찾아봐도 아무도 알려주지 않았다. 시간이 지날수록 털에 대한 집착은 점점 더 심해졌다. 아침마다 얼굴에 난 수염을 자르겠다고 면도기를 가까이 들이대기도 했고, 특히 다리털은 족집게로 뽑은 후 가위로 잔털까지 싹 정리했다. 아이에게 진지하게 물었다.

나 아들, 아빠 몸에 난 털을 왜 그렇게 뽑는 거야?
아들 머리털만 빼고, 아빠 몸에 난 털이 다 싫어.
나 왜 그런지 말해줄 수 있어?
아들 싫어.
나 말해주면 더 뽑을 수 있게 해줄게.
아들 진짜? 만화나 영화에 보면 욕심쟁이, 심술쟁이, 악당 같은 나쁜 사람들은 모두 몸에 털이 나 있잖아. 그래서 아빠 몸에 있는 털이 싫어.

아이의 말을 가만히 듣고 보니 내가 무섭게 화를 내고 난 다음 날이면 유난히 더 내 몸에 난 털을 뽑으려고 했던 것 같다. 아빠도 사람이라 감정을 조절하지 못하고 욱하는 순간이 찾아오지만, 아직 감정에 미숙한 아이는 그런 아빠를 이해할 리 없었다. 아이는 그런 모습에 더욱 불안해했고, 심지어는 눈치를 보며 숨기까지 했다. 그래서 아빠의 몸에 난 털을 모두 잘라 버리면 다시는 악당 같은 괴물로 변하지 않을 것이란 기대 때문에 아빠의 몸에 난 털을 뽑아서 없애버리려고 했던 것 같다.

아이의 그 순수한 마음을 알고 난 후부터는 면도기나 가위를 들고 다가오는 아이를 그냥 나무랄 수만은 없었다. 나 스스로 감정을 다스려야겠다고 생각했다. 그리고 "감정은 표출할수록 절제되지 않고 숨길수록 다스려진다."는 말처럼 놀랍게도 아이 앞에서 조금씩 감정이 다스려지기 시작했다.

7.
여행하듯 살고 싶다

나는 여행을 참 좋아한다.

'창밖으로 보이는 커다란 비행기, 손에 든 캐리어, 주머니 속 여권' 모두 내가 좋아하는 단어들이다. 나는 여행을 참 좋아한다. 내가 여행을 좋아하게 된 것은 '인생의 모든 순간이 여행처럼 설레고 즐거우면 얼마나 좋을까!' 하고 생각했던 순간부터였던 것 같다. 어쩌면 지금은 육아라는 길고도 험한 여행을 하고 있는지도 모르겠다.

인생은 경주가 아니라 여정이라고 했던가? 누가 먼저 도착하느냐보다는 삶의 매 순간을 추억과 의미로 채워가는 것이라고. 아이의 삶도 여행처럼 즐겁기를 바라며 첫돌을 지나 걷기 시작할 무렵부터 둘러업고 여행을 다녔다. '코로나'라는 낯설고 특이한 이름이 등장해서 정체기를 겪을 때를 제외하고도, 이제 아홉 살인 아이가 벌써 10개국이 넘는 나라를 여행했으니 참 많이도 데리고 다녔다.

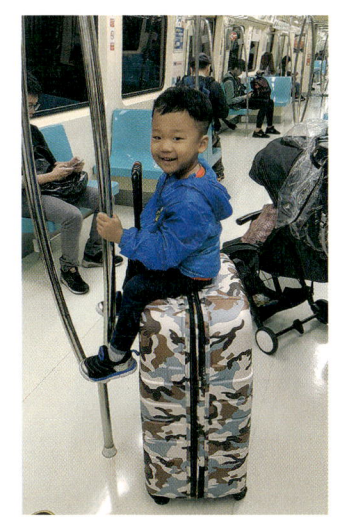

모든 여행이 소중하고 매 순간이 잊을 수 없는 추억이지만 특히 첫 번째 여행지였던 필리핀의 보라카이는 더욱 그랬다. 부산에서 출발하는 직항이 없어 인천을 경유하고 칼리보 공항에 도착해서 픽업 차량으로 다시 2시간을 달려 보라카이로 들어가는 배를 타기 위해 '카띠클란' 선착장에 도착, 다시 호텔로 이동하는 트라이시클까지 돌이 막 지난 아이가 감당하기에는 힘들고 무더운 여정이었다. 멀고 험난하기도 했지만, 그때만 해도 우유, 달걀, 밀가루, 콩류 등 대부분 음식에 알레르기가 있는 탓에 햇반부터 시작해서 모든 음식을 집에서부터 직접 공수했고, 혹시 '물갈이'라도 할까 봐 물까지 캐리어에 하나 가득 담고 가야 했던 극한의 여행이었다.

상상했던 일들이 모두 현실이 되는 경험

두 번째로 기억에 남는 여행은 아내와의 결혼 10주년을 기념하고 아이의 성공적인 초등학교 적응을 축하하는 의미로 떠난 특별한 여행이었다. 어느덧 부쩍 커버린 아이는 이제 더 이상 아이가 아니라 함께 여행을 즐길 수 있는 동반자가 되었다. 떠나기 전 그 나라의 역사와 문화, 환율과 화폐, 교통과 간단한 현지 인사말까지 함께 공부했고, 가벼운 가방 하나를 따로 챙겨 자기 물건은 스스로 챙기도록 했던 첫 번째 여행이었다.

현지 화폐로 환전해서 용돈까지 주었는데 사고 싶은 물건을 사기 위해 물건값을 깎거나 잔돈까지 꼼꼼히 챙기며 경제관념을 배울 수 있었고, 부족한 영어 실력으로 길을 헤매거나 의사소통이 안 되는 아빠를 지켜보며 영어 공부에 관심을 가져야겠다고 생각했을 것이다. 또 초등학교 입학하면서 득템한 휴대전화까지 목에 걸고 다니며 사진과 영상을 찍는 아이가 그저 귀엽기만 했다.

"아빠 진짜 호주는 거꾸로 나라네.
날씨도 반대고 운전석도 완전 반대야."

떠나기 전 함께 공부하고 계획하며 상상했던 모든 일들이 현실이 되는 경험, 세계에서 가장 아름다운 해안도로를 눈에 담으며 남태평양 바다의 모래사장을 마음껏 달려본 일은 아이를 본 만큼 성장시킬 것이다. 본 것은 기억하고 해본 것은 이해한다는 불교 용어처럼 말이다. 아이가 앞으로 인생을 살면서 딱딱한 책상에 앉아 매일 정해진

양의 학습을 해치우는 그 이유를 알고 공부하게 될 거라고 믿는다.

도전은 늘 좌절과 실패의 가능성도 함께 한다. 하지만 실패가 두려워 아무것도 시도하지 않는다면 현재에서 한 발짝도 앞으로 나갈 수 없다.  아무것도 하지 않으면 아무 일도 일어나지 않기 때문이다. 실패를 통해 넘어지고 다시 일어나는 과정에서 우리는 더 크게 성장할 수 있다. 그런 점에서 여행은 똑 닮았다. 우리의 인생은 좋은 대학, 좋은 직장, 그리고 결혼과 출산까지 마치 숙제하듯 살아간다. 이 모든 숙제가 끝나면 또 다른 숙제가 항상 우리를 기다리고 있다. 끝없는 결과물을 기다리며 살아가는 동안 우리는 늘 부족함을 느끼며 불행해지곤 한다.

눈에 보이는 결과를 얻기 위해 무작정 달리기보다는 여행처럼 그 과정에서 행복을 느끼며 살 수는 없을까? 여행은 얼마나 많은 나라를 다녔냐? 얼마나 많은 경험을 했느냐가 중요한 것이 아니라 길 위에서 보고 느끼고 만나는 모든 순간이 소중하고 아름답다. 나는 아이와 언제나 여행하듯 살고 싶다.

8.
사진첩을 정리하는 세 가지 이유

모두 네 번의 여행을 즐긴다.

나는 여행을 준비할 때마다 모두 네 번의 여행을 즐긴다. 어디로 갈지? 무엇을 할지? 계획을 짜면서 한 번의 여행을 즐기고. 여행지와 일정이 결정되면 필요한 물건을 챙기고 가방을 싸면서 두 번째 여행을 즐긴다. 그리고 계획에 따라 실전에서 세 번째 여행을 즐기고, 집으로 돌아오면 여행 중에 찍은 사진을 정리하며 모두 네 번째 여행을 즐겼다.

어디 여행뿐이겠는가? 인생이 곧 여행이라고 생각하는 탓에 살아온 여정만큼이나 찍은 사진도 계속 쌓여 갔다. 그동안 찍어놓은 수많은 사진이 노트북이나 외장하드에 뒤죽박죽 섞이고 쌓여 가면서 정리가 필요하다는 생각이 들었다. 그래서 먼저 동영상과 사진을 분리했다. 그리고 연도별, 지역별, 국가별로 하나하나 폴더를 만들어 정리를 해나가기 시작했다. 정리한 사진 중에 특별히 잘 나왔다고 생각되는 베스트 사

진들을 따로 모아 언제든지 꺼내볼 수 있도록 포토북을 만들었다. 요즘에는 동네 사진관에 가지 않아도 집에서 인터넷으로 손쉽게 셀프 제작이 가능해졌다. 그렇게 만들기 시작한 포토북은 어느덧 책장 한 칸을 가득 채웠다.

넌 절대 혼자가 아니라고 느끼게 해주고 싶었다.

포토북을 만들어야겠다고 생각한건, 첫 번째로 이 다음에 나이가 들어 여행을 다닐 수 없을 만큼 늙었을 때 아내와 함께 소파에 앉아 포토북 한 권을 골라서 꺼내 들고, 따뜻하고 향기로운 차를 한 잔씩 마시면서 그 시절 유행했던 음악과 함께, 사진 속의 추억으로 또 다른 여행을 떠날 수 있었다. 그래서 함께한 추억을 이야기하며 "그땐 그랬지."라고 미소 지을 수 있다면 더없이 행복할 것만 같았다.

두 번째는 아이가 초등학교 2학년 때 학교에서 처음으로 내준 숙제가 어린 시절 찍은 사진 중에서 년도 별로 1장씩 골라오는 숙제가 있었다. 아이와 함께 책장에서 연도 별로 정리된 포토북을 하나씩 꺼내 마음에 드는 사진을 고르기 시작했는데 자신의 3살 때와, 4살 때 사진을 가만히 들여다보더니 갑자기 "불쌍해!"라고 말한다. 왜 그러나 봤더니 사진 속에서는 식품 알레르기 때문에 얼굴 여기저기에 울긋불긋 올라 온 발진과 간지러워 손으로 긁고 문질러서 난 상처로 가득한 사진들뿐이었다. 지금처럼 뽀얀 어린이가 되고 먹을 수 있는 음식이 늘어나기 전까지 힘들고 어려웠던 그 시간은 이제 사진에서만 볼 수 있는 또 하나의 추억이 되었다.

세 번째는 아이가 외동이라 형제 없이 혼자 자란 탓에 요즘 들어 "외로워, 심심해!"라는 표현을 자주 한다. 가끔 부부 모임에서 형제가 있는 다른 아이들이 부러웠던 모양이다. 그래서 언젠가 엄마·아빠가 떠나고 세상에 혼자 남을 아이에게, 함께한 추억이 담긴 포토북을 유산처럼 남겨주고 싶었다. 그래서 항상 손 뻗으면 닿을 만큼 가까운 곳에 두고, 생각나거나 보고 싶을 때마다 언제든지 꺼내보며 함께한 추억을 생각하라고 말해주고 싶었다. 그리고 넌 절대로 혼자가 아니라고 느끼게 해주고 싶었다.

9.
말레이시아 한 달 살기

나에게 갑작스럽게 6개월이라는 시간이 생겼다.

마치 지금까지 열심히 살아온 내 인생의 보너스 같았다. 때마침 아이와 아내도 여름방학을 맞았다. 방학 동안 가족 모두가 함께 보내는 것은 앞으로 살면서 다시는 오지 않을 처음이자 마지막 기회였다. 그냥 보내기에는 너무 아쉬워 뭔가 특별한 여름방학을 준비했다. 그래서 우리도 요즘 유행한다는 한 달 살기를 떠났다.

그런데 어디로 가지? 고민 끝에 우리가 결정한 곳은 바로 말레이시아 쿠알라룸푸르였다. 세계를 돌며 한 달 살기를 무려 46번이나 했던 유튜버 부부가 선택한 첫 번째 도시가 바로 '쿠알라룸푸르'였다. 그리고

아쉬운 김에 '조호바루'라는 도시와 국경을 맞대고 있는 싱가포르까지 1주일 정도 일정에 넣었다. '쿠알라룸푸르'는 우리나라에서 비행시간이 길지 않고, 문화권과 피부색이 비슷하며, 인프라가 잘 갖춰져 있다. 그리고 물가가 저렴하며 치안이 안전한 나라였다. 그곳에서 우리는 무작정 한 달 살기를 시작했다.

　이번 여행에서는 항공권과 숙소만 예약하고 무계획으로 떠났다. 계획을 너무 세밀하게 짜면 시행착오는 줄일 수 있지만 그 계획에 또다시 얽매이게 될 수도 있었고, 더 알차게 보내기 위해 계획을 짜느라 떠나기도 전에 에너지가 고갈되기도 했기 때문이다. 그런데 도대체 한 달 동안이나 뭘 하지 하고 머리를 열심히 굴려보았다. 일부 자녀 교육에 욕심이 많은 부모들은 국제 학교나 어학원에 보내기도 했지만, 우리는 평소 해보기 힘든 체험 위주로 일정을 짰다. 그리고 가족들과 하루 종일 눈을 마주 보고 대화하며 오로지 서로에게만 집중하는 시간을 갖기로 했다. 남는 시간에는 박물관, 도서관 같은 곳에서 시간을 보내며, 현지인과 대화도 해보며 함께 어울려 보고 싶었다.

조급한 마음이 사라지니 마음에 여유도 생겼다. 아침에 일어나면 숙소 주변을 달리며 하루를 시작할 수 있었다. 배가 고프면 가장 가까운 로컬 음식점을 찾아 현지 음식에 도전도 해보기도 하고, 오후가 되면 커피 한 잔의 여유를 즐기며 생각을 정리하고 글을 썼다. 그렇게 그동안 목말랐던 여행의 갈증도 풀고, 귀하게 찾아온 시간을 즐겼다.

학교나 학원에서 배울 수 없는 소중한 경험

한번은 현지에서 병원을 방문한 적이 있었다. 말레이시아는 1년 365일이 더운 나라라 에어컨 없이는 단 하루도 살 수가 없었다. 하지만 우리가 묵었던 레지던스형 숙소는 따로 창문이 없어서 환기할 수 없었고, 덕분에 지독한 비염 환자였던 아이와 나는 한 달 내내 목감기와 인후통을 달고 살아야 했다. 게다가 나는 여행지로 출발하기 며칠 전 설거지를 하다가 유리 조각에 손가락을 베었는데 환부가 퉁퉁 부으며 말썽을 부렸다. 그래서 우리는 원치 않게 낯선 땅에서 생전 처음으로 병원을 방문하게 되었다. 우리는 번역기까지 써가면서 무사히 진료받았고, 덕분에 낯선 땅에서의 막연한 두려움도 떨쳐낼 수 있었다. 또 기차를 타고 국경을 넘어 싱가포르에 다녀오다가 입국심사서를 미리 작성하지 않아 심사대에 발이 묶여 기차를 놓칠까 봐 발을 동동 구른 일, 쇼핑몰에 있는 자판기에 아이가 직접 결제하겠다며 하나뿐인 신용카드를 자판기 틈새 사이로 넣는 바람에 막막했던 일, 한국으로 돌아오는 연결편 항공기를 놓쳐 타이베이에서 강제로 1박을 하게 된 일 등 수없이 많은 추억은 학교나 학원에서 배울 수 없는 소중한 경험이며 성장의 시간이었다.

도전하는 열정과, 호기심을 해결하기 위한 용기, 소통을 통해 문제를 해결하는 능력까지 한 달 살기를 통해 살아가는 데 중요한 많은 것들을 배울 수 있었고, 계획대로 되지 않는 일에 대한 어려움을 극복하는 법도 배울 수 있었다. 인생에서 필요한 진짜 공부는 여행을 통해서 배울 수 있다고 믿었기 때문에 여러 번 고민과 걱정을 하지만 결국 또 아이를 데리고 떠날 용기를 얻었다. 시계추처럼 반복되는 일상을 보내다가 어떤 일이 일어날지 모르는 여행을 떠나는 일은 그것만으로 큰 도전이기 때문이다.

'코이'라는 물고기는 작은 어항에 넣어두면 5~8cm밖에 자라지 않지만, 커다란 수족관이나 연못에 넣어두면 15~16cm까지 자란다. 그리고 강물에 방류하면 90~120cm까지 성장하는 물고기로 환경에 따라 자라는 크기가 다른 놀라운 물고기다. 같은 물고기가 어항에서 기르면 피라미가 되고, 강물에 놓아기르면 대어가 되는 신기한 물고기이다. 어떻게 자랄지 모르는 아이에게 집이란 작은 어항에서만 키우고 싶지 않았다. 오늘도 내가 아이와 떠날 새로운 여행지를 찾는 이유이기도 하다.

10.
알레르기가 있는 손님을 위한 배려

알레르기가 있는 어린이 손님들을 위한 세심한 배려

사람들이 알고 있는 '레이디 퍼스트'란 말은 1922년 미국의 로버트 오리스라는 군인이 자신의 차에서 여성을 먼저 내려주는 행동을 한 것에서 시작되었고, 이 사건이 언론에 알려지면서 '레이디 퍼스트'라는 용어가 등장하기 시작했다. 이는 이후 여성을 먼저 배려하는 표현으로 자리잡게 되었는데, 사회적 약자에 대한 배려심을 느낄 수 있는 단어다. 그런데 왜 '키즈 퍼스트'라는 말은 없을까?

적극적인 면역치료에 시간이 더해지면서 집 밖에서 먹을 수 있는 음식들이 하나둘 늘어났다. 우유는 아직 치료 중이었지만, 달걀과 밀

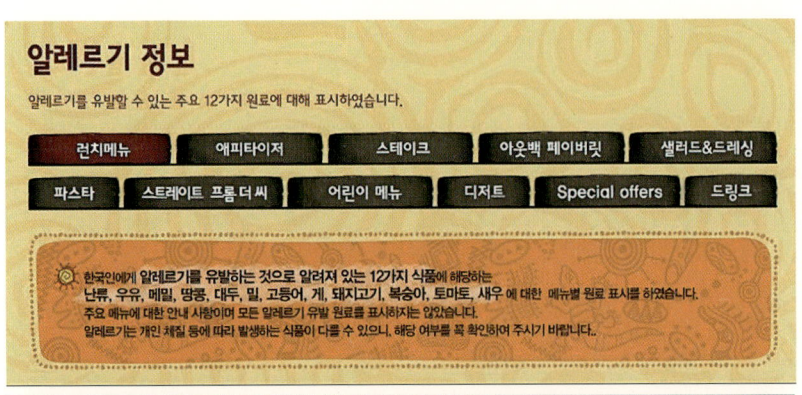

가격	메뉴명	난류	우유	메밀	땅콩	대두	밀	고등어	게	돼지고기	복숭아	토마토	새우
9,900원	토마토 머쉬룸 스파게티		O			O	O					O	O
	아시안 코코넛 치킨 샐러드		O			O	O					O	
	아웃백 스테이크 버거	O	O			O	O					O	
13,900원	터키 파스타	O	O			O	O					O	O
	크리스피 치킨 샐러드	O	O			O	O					O	
	스파이시 치킨 & 쉬림프 라이스		O			O							O
16,900원	투움바 파스타		O			O	O					O	O
	스파이시 비프 퀘사디아	O	O			O	O					O	O
	그릴드 치킨 망고 샐러드	O				O	O			O		O	
19,900원	찹스테이크 플래터		O			O	O			O		O	
	카카두 그릴러					O							O
	앨리스 스프링 치킨	O	O			O	O			O			
24,900원	베이비 백 립	O	O			O				O			
	카카두 그릴드 너비아니					O							
	프리미엄 휘시 & 씨푸드 콤보	O				O	O					O	O
런치스테이크 스페셜	빅토리아 휠렛		O			O	O			O			
	뉴욕 스트립		O			O	O			O			
	아웃백 서로인		O			O	O			O			
	갈릭 립아이		O			O	O			O			

가루를 먹을 수 있게 되었을 때쯤, 또래 아이들 사이에서 인기있는 식당인 패밀리 레스토랑을 방문하게 되었는데, 우리가 이곳을 방문한 이유는 다른 식당과는 다르게 모든 음식에 알레르기를 유발할 수 있는 난류, 우유, 메밀, 땅콩, 대두, 밀, 고등어, 게, 돼지고기, 복숭아,

토마토, 새우에 대한 원료표시를 따로 하고 있었기 때문이다. 그만큼 알레르기가 있는 어린이 손님들을 위한 세심한 배려가 돋보였다.

우리는 가기 전부터 꼼꼼하게 메뉴를 검색했고, 현장에서 매니저에게 자세히 설명했다. 아이가 아직 먹을 수 없는 버터나 치즈는 빼고, 아이가 먹을 수 있도록 맵지 않게 해달라고 주문했다. 그런데 비슷한 주문을 여러 번 받아 본 듯 전혀 당황하지 않고, 오히려 하나하나 주문을 받아 적으며 더 빼거나 추가로 신경을 써야 할 부분은 없는지 되물었다.

잠시 후, 메뉴를 직접 하나씩 들고 오면서 주문한 메뉴가 맞는지 다시 한번 꼼꼼하게 확인까지 하는 센스도 잊지 않았다. 아이는 칼로 스테이크를 썰고, 포크로 스파게티를 말아 입에 넣으며 오물오물 씹더니, "음~!" 하면서 몇 번 안 되었지만 아주 맛있는 음식을 먹을 때 나오는 감탄사를 내기 시작했다. 곧이어 나온 메뉴 '베이비 백 립'*(부드러운 돼지갈비에 특제 소스를 발라 구워낸 바비큐 요리)*을 먹을 때의 흐뭇한

표정은 지금껏 내가 본 아이의 표정 중 가장 행복해 보이는 순간이었다. 어느 정도 배가 찼는지 의자 위에 올라가 춤까지 추기 시작한다. 그리고 세상을 다 가진 표정으로 말한다.

"아빠, 이거 자주 사줘."

지금껏 외출하면서 한 번도 받아 보지 못했던 알레르기에 대한 배려였다. '왜 이제야 알게 되었을까?' 하는 아쉬움도 들었다. 예전에 어떤 국회의원이 모든 식품에 알레르기 정보를 포함해야 하는 법안을 통과시키려고 한 적이 있는데 통과되었다면 얼마나 좋았을까 하는 생각도 해봤다.

아이들의 안전을 최우선으로 생각하는 나라 '호주'

아이와 호주로 여행을 떠난 적이 있었다. 호주는 하나의 나라가 거대한 대륙을 이루는 '대자연의 나라'라고 많이 알려졌지만, 사실은 '아이들의 천국, 키즈의 나라, 키즈 퍼스트'라는 단어가 더 잘 어울리는 나라였다. 우리가 직접 눈으로 본 호주는 왜 그런 수식어가 붙었는지 알 수 있을 만큼 '아이들을 위한, 아이들에 의한' 나라 그 자체였다. 어느 식당에 가더라도 메뉴판의 모든 음식에 알레르기 정보가 표시되어 있었고, 아이들이 마음 놓고 먹을 수 있도록 비건 재료로 구성된 키즈 메뉴가 따로 준비되어 있었다. 그리고 음식을 기다리는 동안 아이들이 지루

하지 않도록 시간을 보낼 수 있는 키즈 용품들을 제공하는 식당도 꽤 있었다.

음식뿐만이 아니었다. 호주는 아이들의 안전도 중요하게 생각하는 듯했다. 대중교통을 이용하거나 공공시설을 이용할 때도 사회적 약자인 아이들이 가장 먼저 배려하는 나라였다. 한 예로 호주의 멜버른이란 도시에는 토마스 열차를 닮은 증기기관차를 운행하는 기찻길이 있는데 백 년쯤 된 증기기관차를 직접 타고 멜버른 외곽의 숲 지역을 둘러볼 수 있는 곳이었다. 아무래도 기차의 모습이 토마스 열차를 닮아서인지 어린이 손님들이 많이 찾았는데, 키즈 탑승객의 팔에는 따로 팔찌를 채워 혹시 전복 사고가 나면 최우선으로 아이들이 구조될 수 있도록 하는 시스템을 갖추고 있었다.

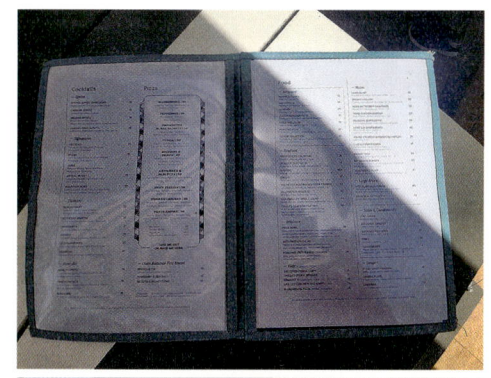

또 하나 인상적이었던 것은 시드니 시내 중심부에 위치한 '텀바롱 공원'이라는 야외 놀이 시설이었다. 아주 어린 유아부터 청소년에 이르기까지 다양한 연령대의 아이들과 남녀노소가 즐길 수 있는 야외 놀이 시설로 대자연의 나라처럼 다양한 종류의 새들이 공원에서 인간과 함께 어울리는 아름다운 곳이었다. 크기도 크지만 시설도 다양하고 알차게 갖추어져 있어 하루 종일 놀아도 질리지 않았다. 더군다나 이 모든 시설은 1년 365일 하루 종일 무료였다. 아이들을 안심하고 맡길 때가 없어, 비싼 돈을 주고 키즈카페나 유료 놀이시설을 찾아야 하는 우리나라 엄빠로서 부러울 수 밖에 없었다.

우리나라는 지금 사상 초유의 저출산 시대를 맞아 수년간 수조 원의 막대한 예산을 퍼부으며 많은 정책을 쏟아붓고 있지만, 그것을 비웃기라도 하듯이 출산율은 오히려 줄어들고 있다. 무엇보다 중요한 건 아이 키우기 좋은 환경이 아닐까? 가까운 미래에 우리나라도 아이들이 안전하고 행복한 나라, 아이들을 최우선으로 배려하고 존중받는 나라, 다시 말해서 '키즈 퍼스트'의 나라가 되기를 기대해 본다.

11.
드디어, 끝이 보이기 시작했다.

알레르기 보스 끝판왕, 우유

아이는 이제 9살이 되었다. 그동안 우유는 유발검사 후, 데운 우유 120g의 증량기를 통과했고, 1년 간의 유지기도 모두 거쳤다. 그래서 나는 우유가 최종적으로 통과된 줄 알았는데, 다시 병원 진료 날짜가 잡혔다. 이번엔 데운 우유가 아닌 생우유로 다시 유발검사를 하고, 120g의 증량기를 거쳐야 최종적으로 우유 통과 판정을 받을 수 있다고 했다. 우유는 그만큼 과정도 어려웠지만 다른 음식보다 치료 기간도 길었다.

얼마 후 생우유 유발검사 날이었다.

오늘 검사는 아내가 아이와 함께 가기로 했다. 총 4단계에 걸쳐 생우유 총 201cc를 먹어야 통과할 수 있었다. 오늘도 마찬가지로 아침에 눈도 못 뜨는 아이를 둘러업고 아내의 차에 태워 병원으로 보냈다. 도착할 시간이 지났는데도 아무 소식이 없어 걱정스러운 마음에 직접 전화를 걸었다. 아내는 올 것이 왔다는 듯 짧은 시간 동안 이야기보따리를 풀어 놓기 시작했다.

오늘 일정도 순탄치만은 않았던 모양이다. 가는 길에 내비게이션을 잘 못 보는 바람에 세 번이나 같은 길을 돌아가서 예정된 진료 시간보다 늦게 도착했다. 혹시 진료를 못 받게 될까 봐 아이 손을 잡고 뛰다가 어깨에 멘 가방끈이 떨어져 가방 속 물건이 쏟아지고, 아이는 넘어지면서 바닥에 뺨을 부딪혔단다. 예약한 시간보다 20분이나 늦게 도착해서 통사정하고서야 겨우 치료가 시작됐고, 지금은 1단계로 생우유 1cc를 먹고 경과를 관찰 중인데 먹자마자 목이 조금 간지럽다고 했단다.

오늘은 생우유 1cc, 20cc, 40cc, 140cc를 4단계에 걸쳐 총 201cc를 먹어야 하는데 이제 겨우 1cc를 먹고 간지럽다니 140ccc를 먹을 리는 없다고 생각해서 마음속으로 포기하고 있었다. 검사가 끝나갈 무렵인 오후 12시쯤 아내에게 카톡으로 다급하게 문자가 왔다.

"지금 생우유 4단계 140cc 먹고 관찰 중"

세상에 이럴 수가! 마침내 마지막 단계만 남겨 놓고 있었다. 두 손 모아 기도하기 시작했다. 잠시 후 우리 가족에게 기적 같은 일이 일어났다. 드디어 병원에서 생우유 최종 통과라는 판정을 받았다. 아내도 나도 도무지 실감이 나질 않았다. 아내는 검사를 마치고 집으로 오는 길에 동네 마트에 들려서 요구르트까지 사 가지고 왔다. 요구르트는 생우유를 통과해야 먹을 수 있는 음식이었다. 아내도 병원에서 생우유 최종 통과라는 소리를 듣고도 실감이 나질 않았지만, 집 앞 마트에 들려서 요구르트까지 사 가지고 계산하고 나니 그제야 실감이 나기 시작했다며 눈시울을 붉혔다.

그 이야기를 듣고 나도 가슴이 뭉글뭉글해졌다. 이제는 더 이상 전자레인지에 우유를 데우지 않아도 되고, 우유뿐 아니라 우유가 듬뿍 들어간 아이스크림과 과자도 먹을 수 있고, 무엇보다 올해 생일에는 생크림 케이크를 먹을 수 있게 되었다. 아직 반숙 달걀이 남아 있긴 하지만 우유까지 통과하면 알레르기 3종 세트를 모두 통과하게 된다. 이제 그 지긋지긋한 알레르기와의 전쟁도 서서히 끝이 보이기 시작했다.

향후 반숙 달걀과 멸치육수까지 통과하고 나면 흰살 생선류(어육, 어묵, 맛살류)를 제외한 모든 종류의 음식을 먹을 수 있게 된다. 그동안 내가 SNS에 작성한 육아일기를 보고 함께 치료에 참여한 블로그 이웃과 브런치 구독자들의 합류 때문인지 주 2회였던 유발검사 일정이 주 1회로 줄어들어 그만큼 진행이 더뎌졌다. 웃어야 할지, 울어야 할지 모르겠지만 멀리 가려면 함께 가라는 말이 있듯이 알레르기로 고통받는 모든 가족이 이 지긋지긋한 전쟁에서 하루빨리 벗어나길 진심으로 바란다.

13.
비교보다는 위로와 공감

언제나 그렇듯이 이번이 마지막이길

참치 유발검사를 하는 날이었다. 우유 면역치료를 최종 통과한 지 정확히 3개월 만이었다. 사실은 세 번째 반숙 달걀 유발검사가 예정되어 있었지만 얼마 전 삶은 달걀 껍데기를 깐 손으로 아이 얼굴에 로션을 발라 주었다가 얼굴 전체에 심하게 올라온 두드러기 발진을 보고, 아직 반숙 달걀은 어렵다는 생각이 들었다. 한번 잡기도 힘든 유발검사 일정을 가능성이 희박한 반숙 달걀로 날려버릴 수는 없는 일이었다. 그래서 참치 유발검사로 일정을 급하게 변경했다.

오늘 검사는 내가 동행하기 위해서 자녀 돌봄 휴가까지 신청했는데 갑자기 아내가 폐렴으로 병원 치료를 받게 되면서 요양을 위해 며칠 쉬게 되었다. 그래서 오늘은 온 가족이 병원으로 총출동했다. 언제나 그렇듯이 유발검사가 있는 날 아침이면 온 가족이 또 한바탕 큰 소동을 치른다. 이제 제법 익숙할 만도 하지만 어린아이를 새벽부터 깨워 준비해서 출발하는 일정은 항상 힘에 겨웠다. 게다가 병원 진료 시간과 출근 시간이 애매하게 겹치면서 일찍 출발한다고 해도 도착할 때까지 차 안에서 발을 동동 구르며 마음을 놓을 수 없었다.

그날도 간당간당하게 병원에 도착해서 아내와 아이를 진료실 앞에 먼저 내려주고 주차를 한 뒤 곧바로 뒤따라갔는데 벌써 1차 검사가 진행되고 경과를 관찰 중이었다. 담당 교수님은 늘어난 환자로 바빠졌는지 검사 일정도 줄었지만, 시작 전에 했던 진료도 생략하고 바로 검사에 들어갔다. 보통 2시간 공복 상태에서 검사를 진행해야 해서 오전에 일찍 시작하고, 하루에 가능한 검사 인원도 많아야 2명이었다. 오늘 검사 대상은 아이 말고도 한 명이 더 있었다. 아이보다 1살이 어린 8살 동생이었고, 우리보다 먼저 도착해서 1차 검사를 진행하고 있었다.

우리 아이만큼이나 심한 알레르기를 가진 아이를 만났다.

그런데 엄마끼리 반가운 듯 서로 인사를 건네더니 오랫동안 알고 지낸 사이처럼 수다를 떨기 시작했다. 어떻게 아는 사이일지 궁금했지만 이야기가 끊이질 않아 중간에 끼어들 틈이 없었다. 조용했던 대기실은 금세 시끌시끌해졌고, 병원 의료진의 눈치가 보이기도 했지만, 아내의 모처럼 밝은 모습에 더 이상 방해하고 싶지 않았다. 순간 둘은 병원에 치료받으러 온 것도 잊은 듯이 아무도 의식하지 않았다. 마치 아주 친한 친구를 오랜만에 만난 듯했다.

사실은 이랬다. 아내는 지인 모임에서 우리 아이만큼이나 심각한 음식 알레르기로 고생하는 엄마가 있다는 사실을 전해 들은 적이 있었다고 한다. 당시 아이 문제로 터널 속에 갇힌 듯 끝이 보이지 않는 답답함을 느껴졌을 때, 같은 고민을 하는 엄마들과 실컷 수다라도 떨며 위로와 공감을 받고 싶었고, 그래서 알레르기를 먼저 경험한 선배나 함께 고생하고 있는 분들을 찾고 있을 때였다. 각자 자세한 상황은 숨길 수도 있었고, 알레르기를 단편적으로 비교할 수도 없지만 아이만큼 심한 증상은 지금까지 찾아볼 수 없었고 간혹 있어도 달걀이나 우유 1~2가지에 알레르기가 있거나 부모의 무지나 무관심으로 방치되고 있는 경우가 많아서 아내에게는 별로 도움이 되지 않았다고 한다. 그래서 더욱 반가운 소식이었다. 그런데 오늘 바로 그 아이와 함께 검사를 받게 된 것이다. 그 아이도 달걀, 우유, 밀가루 같은 알레르기 3종 세트는 기본이고 그 외에도 다수의 알레르기가 있는 듯했다. 2차 검사로 이야기가 잠깐 중단되었을 때 궁금해서 아내에게 물었다.

나 저 아이는 오늘 무슨 검사 하러 왔대?

아내 응, 두유 검사하러 왔대.

나 저 아이는 무슨 알레르기가 있는데?

아내 저 아이도 우리 아이만큼이나 심한가 봐.

나 설마, 그래도 우리 아이만큼 심하진 않겠지?

나는 눈치 없이 갑자기 비교 병이라도 생긴 듯이 또 비교를 해댔다. 나의 철없는 질문에 아내가 한마디 한다.

"여보, 우리 비교하지 말자. 알레르기가 한 가지라도 있으면 없는 것보다는 불편하고, 알레르기가 많은 아이보다 더 힘들 수도 있어. 그렇게 비교하기 시작하면 우리처럼 알레르기를 가진 부모들은 서로 상처만 받을 뿐이야. 우리에게는 비교보다는 위로와 공감이 필요하다고."

그렇다. 지금까지 우리에게 필요했던 건 치료도 중요했지만, 끝을 알 수 없는 알레르기와의 전쟁에서 서로 힘든 마음을 나누며 위로와 공감을 받을 만한 누군가가 필요했을지도 모른다.

13.
같이 먹으니까 더 맛있다, 그렇지?

이태리 음식은 고사하고 외식 한 번 제대로 할 수 없었다.

2024년은 우리 가족에게 더욱 특별했다. 바로 아내와 내가 처음 만나 함께 가정을 이루며 살아온 지 정확히 10년이 되는 해였다. 문득 아내를 처음 만났을 때가 생각났다. 세 번쯤 만났을 때 크리스마스 이브를 함께 보내게 되었는데, 바닷가 어느 고깃집에서 저녁을 먹으며 은은하게 들려오는 파도 소리와 앙상블을 이루는 캐럴로 크리스마스 분위기가 한창 무르익고 있었다. 식사를 마치고 밖으로 나온 후, 달빛이 잔잔히 내려앉은 바닷가를 함께 걷다가 길거리 주황색 부스에서 사주팔자를 봐주는 스님 한 분을 만나게 되었다.

"이리 와 봐요. 궁합 한번 보고가?"

우리는 이제 세 번 만났는데 무슨 궁합이냐며, 고개를 흔들며 손사래까지 쳤지만, 어느새 스님 앞에 나란히 앉았다. 재미 삼아 한 번만 보라는 스님의 호객에 넘어간 척했지만, 아내와 나는 이미 서로에게 호감을 느끼고 있었던 모양이다. 스님은 우리 둘이 만나서 결혼할 확률은 80만분의 1의 적은 확률이며, 태어날 아이는 행정고시를 패스할 아주 좋은 팔자를 타고 난단다. 아내는 그때 처음 '이 사람하고 결혼해야 하나?'라고 생각했다고 한다. 그렇게 그 스님은 훗날 우리가 부부의 연을 맺는 데 일등 공신이 되었다.

연애 시절 아내는 주로 치즈가 듬뿍 들어간 피자나 파스타 같은 이태리 음식을 좋아했다. 특별히 좋아했던 레스토랑이 있었는데 아이가 태어난 후로는 한 번도 가 본 적이 없었다. 알레르기가 심해서 같이 먹을 수 없는 아이의 눈치를 보느라 이태리 음식은 고사하고 외식 한 번 제대로 해본 적이 없었다. 어쩌다 하는 외식도 어쩔 수 없을 때 허기진 배를 채우는 수단에 불과했다. 하지만 우리 부부도 사람인지라 한 번씩 집 밖에서 파는 맛있는 음식을 먹고 싶었다.

한번은 백화점에 쇼핑하러 갔는데 아이가 유모차에서 잠이 들었다. 나는 이때다 싶어서 아내에게 "우리 오래간만에 맛있는 거 먹으러 갈래?"라며 외도 아닌 외도를 했다. 그런데 그때 먹은 음식은 이상하게 연애할 때만큼 맛있지도 달콤하지도 않았다. 아이가 언제 잠에서 깨어나 울며 보챌지 모르는 상황이라 눈치를 살피며 급하게 입속에 꾸역꾸역 구겨 넣었으니, 맛이 제대로 느껴질 리가 없었다. 마치 아이 옆에 수족처럼 들고 다니는 커다란 도시락 가방이 맛을 느끼는 뇌까지 마비시킨 듯했다.

식사를 마치고 잠에서 깬 아이에게 밥을 먹이려고 백화점 수유실로 데리고 갔다. 늘 그랬듯이 미리 준비해 간 도시락 가방에서 다 식은 음식을 꺼내 전자레인지에 데웠다. 매일 똑같은 음식에 질릴 만도 한데 배가 매우 고팠는지 허겁지겁 먹는다. 그 모습을 볼 때마다 밀려드는 죄책감으로 다시는 외식을 하지 말아야지 하고 다짐하기도 했다.

이게 피자고, 파스타는 이런 맛이구나

10주년 결혼기념일, 아내가 좋아했던 바로 그 레스토랑을 아이와 함께 다시 찾았다. 이제는 아이도 달걀, 우유, 밀가루를 통과하여 피자와 파스타를 먹을 수 있게 되었기 때문이었다. 10년 동안 묵묵하게 옆에서 함께 해준 아내와 알레르기와의 전쟁을 치르느라 남들은 겪지 않아도 될 시간을 견뎌낸 아이에게 특별한 저녁 식사라도 선물하고 싶었다.

오늘은 잠든 아이가 깰까 봐 눈치를 살피던 때와 다르게 다 함께 손을 잡고 당당하게 걸어서 들어갔다. 레스토랑은 12월이라 그런지 크리스마스 분위기가 물씬 풍겼다. 매장의 매니저가 예약한 자리로 우리를 안내한다. 잠시 후 갈릭 양념을 잔뜩 묻힌 식전 빵부터 음료와 함께 샐러드와 주요리까지 주문한 음식이 하나둘 나오기 시작했다. 아이는 그동안 사진으로만 보던 파스타와 비건 음식으로 만든 짝퉁 피자만 먹다가 진짜 피자와 파스타를 영접한 후, 눈에 담고 입에 넣으며 맛을 느끼기에 바빴다.

"이게 피자구나, 파스타는 이런 맛이구나?"

그러면서 한마디 건넨다.

"아빠, 같이 먹으니까 더 맛있다. 그렇지?"

어릴 적부터 먹을 수 있는 음식이 별로 없었던 아이는 먹을 수 있는 것이라면 과자 하나 사탕 하나라도 함께 나누어 먹는 걸 참 좋아 했던 마음이 따뜻한 아이였다. 그런 아이가 지금껏 눈으로 보고, 구경만 했던 피자나 파스타를 엄마 아빠랑 함께 먹고 있으니 얼마나 기뻤을까? 그런 아이를 보며 겉으로는 웃고 있었지만, 순간순간 벅차오르는 감정으로 기쁨의 눈물을 삼켰다.

한때는 캄캄한 터널 속에 갇힌 것처럼 암울했던 기억도 있었지만 처음 치료를 시작할 때부터 줄곧 오늘 같은 날을 위해 앞만 보고 달렸는데, 결국 상상은 현실로 바뀌었다. 아내도 나도 오랜만에 먹고 싶었던 음식을 마음 편하게 먹으며 환하게 웃었다. 그리고 눈빛을 교환하며 그동안 서로의 고생을 위로라도 하듯이 아무 말 하지 않고 고개를 끄덕여 주었다.

14.
알레르기 환자가 감내해야 하는 것들

식품 알레르기, 음식만 피하면 된다고?

사람들은 흔히 음식 알레르기가 있다고 하면 달걀이나 우유 등 일부 음식만 피하면 되는 간단한 일로만 생각한다. 사실 아이를 키우기 전까지는 나도 그랬다. 하지만 음식 자체를 제한하는 것 말고도 신경 쓰고, 감내해야 할 것들이 차고 넘쳤다. 환자 본인뿐 아니라 가족들도 함께 음식을 제한해야 하는 것은 기본이고, 매일 자고 일어나는 침구류에도 진드기라는 알레르기 물질이 묻어 있어 항상 깨끗하게 세탁해야 했다.

집안의 온도와 습도는 적정하게 조절해서 처음부터 알레르기 물질이 발을 붙이지 못하도록 해야 하고, 가끔 바깥 외출이나 여행이라도 할 때면 미세먼지나 자외선도 피부염에 악영향을 줄 수 있어 반드시 날씨를 미리 점검해야 했다.

또 먹는 약과 바르는 연고 등 갑작스러운 알레르기 반응에 대비하기 위한 응급대처법도 미리 익혀둬야 한다. 특히나 아나필락시스 증상을 긴급히 완화하는 응급주사는 사용법뿐 아니라 학교나 주변 사람들에게도 미리 알려둬야 했다. 또 신축 건물로 이사라도 갈 일이 생긴다면 새집 증후군도 알레르기를 악화시킬 수 있어 주기적으로 환기를 시키거나, 베이크 아웃을 통해 실내 온도를 높여 마감재에서 나오는 유해 물질이나 독성물질을 밖으로 내보내야 했다.

매년 필수적으로 맞아야 하는 독감 백신은 심각한 달걀 알레르기가 있는 환자들에게는 접종할 수 없기 때문에 새로 개발된 세포배양 기반 백신인 '스카이셀 플루'를 따로 신청하거나 병원마다 수소문해서 안전한 세포배양 백신을 따로 맞아야 했고, 음식을 조리할 때 사용하는 기구도 항상 분리해서 보관해야 하며, 접촉만으로도 반응을 보이는 식품은 만지기만 해도 비누로 손을 깨끗이 씻어야 했다.

그리고 알레르기 환자들은 보통 비염까지 세트로 달고 있는 경우가 많아서 증상이 심한 봄철 꽃가루 알레르기부터 찬바람 불기 시작하는 가을 환절기까지 미리미리 예방하고 관리를 해야 했다.

생각보다 훨씬 더 고통스럽다.

실제로 겪었던 식품 알레르기로 인한 고통은 보통 사람들이 알고 있는 것보다 훨씬 더 심각했다. 먹을 수 있는 음식과 없는 음식을 어떻게 구분해야 하고, 치료는 언제 시작하고 또 어떻게 해야 하는지, 외출을 통해 세상 밖으로 나왔을 때는 어떻게 대처해야 하고 아이의 첫 번째 사회생활인 어린이집에 보내는 것부터 학교 급식에 이르기까지 보통 아이들보다 훨씬 더 많은 선택지를 받게 된다. 하지만 주저하는 알레르기 가족들을 더 고통스럽게 만들었던 것은 신뢰할 수 없는 무분별한 정보와 사회적 관심 부족이었다.

시대가 변하고 환경이 달라지면서 원인 모를 알레르기들이 계속 늘어나고 있다 국내에서는 '소아 알레르기 및 호흡기학회 역학조사' 결과에 따르면 초·중·고등학생을 대상으로 5년마다 전국적인 역학조사가 이루어지는데 초등학생의 경우 의사가 알레르기라고 진단한 비율이 매년 가파른 속도로 증가하는 양상을 보이고 있었고. 이러한 반응은 원인 식품을 철저히 제한하면 시간이 지나면서 점차 사라졌다.

하지만 그 시기가 점점 길어지고 있는 것도 사실이었다. 아이에게 먹일 수 있는 음식들을 찾아서 하나라도 더 먹이고 싶은 게 부모 마음이라, 언제 좋아질지 모르는 알레르기를 그냥 막연하게 기다릴 수만은 없는 노릇이었다. 그렇게 우리는 지긋지긋한 알레르기를 벗어나기 위해 한바탕 전쟁을 치러야 했다. 지푸라기라도 잡고 싶은 심정으로 손에 잡히는 데로 끌어당겼고, 그런 노력이 모이고 시간이 더해져 기적을 이루는 과정을 고스란히 책에 담았다. 걷다 보면 끝은 있겠지만 혼자 걷기엔 너무나도 외로운 이 길에 우리 가족의 이야기가 옆에서 같이 걷는 친구가 되어주길 바란다.

마치는 말

길고 길었던 터널의 끝에서

올해로 아이가 식품 알레르기 진단을 받은 지 10년이 되었다. 우리 가족에게는 참으로 힘든 10년이었다. 죽어도 지나가지 않을 것 같은 시간을 보내고 지금 아이는 뽀얀 피부를 가진 초등학교 2학년의 어린이가 되었다. 매년 국가에서 시행하는 영유아 검진을 통해 평균적으로 잘 성장하고 있다는 결과도 받았고, 알레르기 3

종 세트인 달걀, 우유, 밀가루부터 갑각류와 조개류, 땅콩 등 견과류를 거쳐 참치 같은 붉은 계열의 생선까지 이제 그 끝이 보이기 시작했다.

우리가 걷는 한 그냥 길일 뿐이다.

상비약은 지금도 챙겨 다니지만, 책가방을 보다 더 큰 도시락 가방은 이미 벗어 던진 지 오래되었고, 소망하던 뷔페 먹는 아이를 보는 꿈을 이루었다. 그리고 가끔 분위기 좋은 레스토랑에서 피자나 파스타를 먹거나 여행 중 맛집 탐방까지 하게 되었다. 그리고 무엇보다도 식품 알레르기 사실을 부끄러워 않고 당당하게 이야기하며 배려받는 자존감 높은 아이로 성장하게 되었다.

'비록 길이 험하고 어렵더라도
우리가 걷는 한 그 길은 그냥 길일 뿐이다.'

이 말은 자석처럼 힘들 때마다 나를 다시 힘차게 끌어당기는 힘이 되었다. 한 가지 분명하게 말할 수 있는 것은 알레르기와의 전쟁에서 포기하지 않고 천천히 걷다 보면 반드시 승리할 수 있다는 확신을 가지는 것이다. 절대로 걸음을 멈추어서는 안 된다. 그렇게 걷다 보면 어느 순간 상상했던 모든 순간이 현실이 되어 있을 것이다. 우리 가족의 소중한 경험이 음식 알레르기라는 큰 절벽 앞에서 좌절하는 많은 부모에게 앞만 보고 뚜벅뚜벅 걸어갈 수 있는 용기와 희망이 되길 바란다.

마지막으로 알레르기와의 전쟁에서 가장 용감하게 맞서 싸워 준 아내와 그 힘들고 어려운 길을 묵묵하게 참고 함께 걸어준 아들에게 이 책을 바친다.